歴史文化ライブラリー
516

江戸時代の瀬戸内海交通

倉地克直

吉川弘文館

目　次

瀬戸内交通を伝える記録—プロローグ……1
瀬戸内海交通／「御留帳御船手」／莚帆と木綿帆／本書の構成

瀬戸内海の交通環境

江戸時代のはじまり……12
室町時代の状況／寛永期の状況／正保の国絵図／延宝九年の備前国絵図／みを木

岡山藩船手……24
中村主馬／船奉行・船手役人／船手屋敷・船宮・船入／船手の御用／岡山藩の御船／岡山藩の加子浦／倉敷・塩飽の加子役

備前の浦と浦船……38
浦辺船改め／船年寄・船組頭・船主・船頭／船運上／船の売買

湊を持たない藩の船と蔵本……52
津山藩の船置場／津山藩の蔵本／足守藩・庭瀬藩の預け船／児島郡にあった幕府領の蔵本

海難事故と救助

海難救助の仕組み……64
江戸初期の幕府法令／岡山藩の正保二年の法令／寛文七年の浦高札と浦辺見分使／浦手形

「御留帳御船手」にみる海難事故……76
地域別にみた特徴／月別にみた特徴

日本海での備前船の事故……81
延宝四年七月四日の場合／松ヶ下での事故／七月三日長門国での事故／七月一四日越前安島浦での事故／下り船の事故／上り船の事故／日本海での事故の特徴

九州・瀬戸内海での海難事故……95
九州での事故／備前より西の瀬戸内海での事故／大坂・兵庫などでの事故／播磨での海難事故

備前・讃岐海域での事故……111

遭難船の船籍地／備讃瀬戸の難所／船同士の衝突事故

太平洋での事故……119
大坂・江戸航路の事故／紀伊水道から熊野灘へ／志摩国から遠州灘を目指す／遠州灘から伊豆半島へ／伊豆半島沖

漂流・漂着事件……128
三宅島・御蔵島への漂着／伊豆大島への漂着／土佐国への漂着／さまざまな事故・事件

江戸時代前期の物流

物流のあり方……140
御用と商用／幕府城米の輸送／家中御用荷物の輸送／運賃積と買積／不安定な廻船経営／場当たり的な経営／宿の役割／各地の船宿

難船と分散仕法……163
分散とはなにか／「御留帳御船手」にみる分散関係記事／延宝初年の事例／結果不明の例／家中荷物が分散から除かれる例／船頭が分散から除かれる例／分散にならなかった例／分散仕法の特徴

ヒトの移動……182
江戸往来の乗り人／家中士・飛脚の大坂往来／商人・大工などの移動／参

詣の人びと

米の輸送……191

岡山藩の廻米と欠米／備前船による幕府城米輸送／金沢藩の廻米／津山藩の蔵米輸送／備前船による他藩米の輸送

塩・海産物・材木・石材……212

塩の輸送／海産物／生船／材木・薪・炭／岡山藩樋方の木材需要／牛窓商人の請山／石材の輸送

行き交うさまざまなモノ……231

農産物と加工品／鉄と紙／その他の産物・加工品

瀬戸内交通の構造―エピローグ……241

あとがき

参考文献

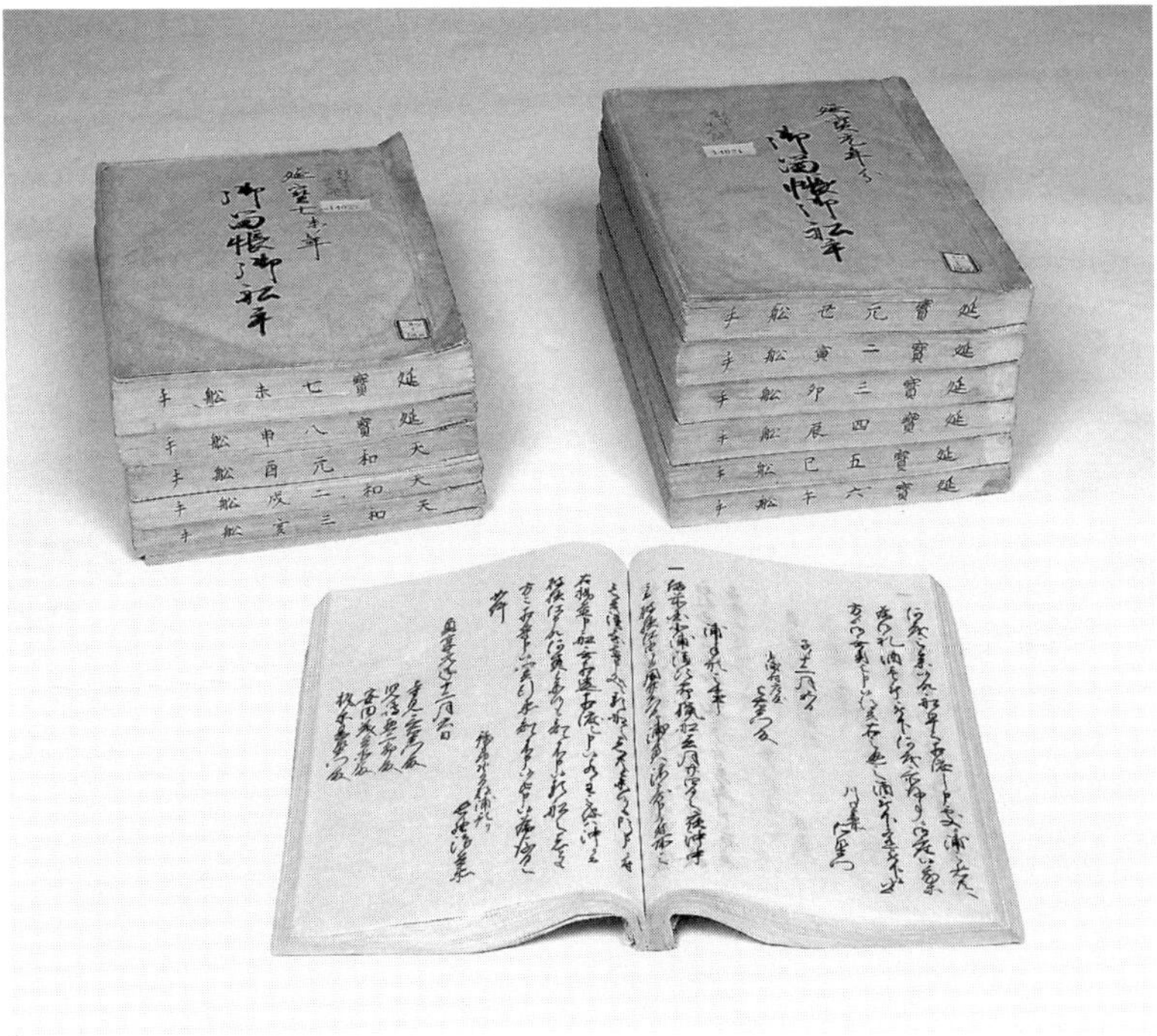

図１　「御留帳御船手」全13冊（岡山大学附属図書館所蔵）

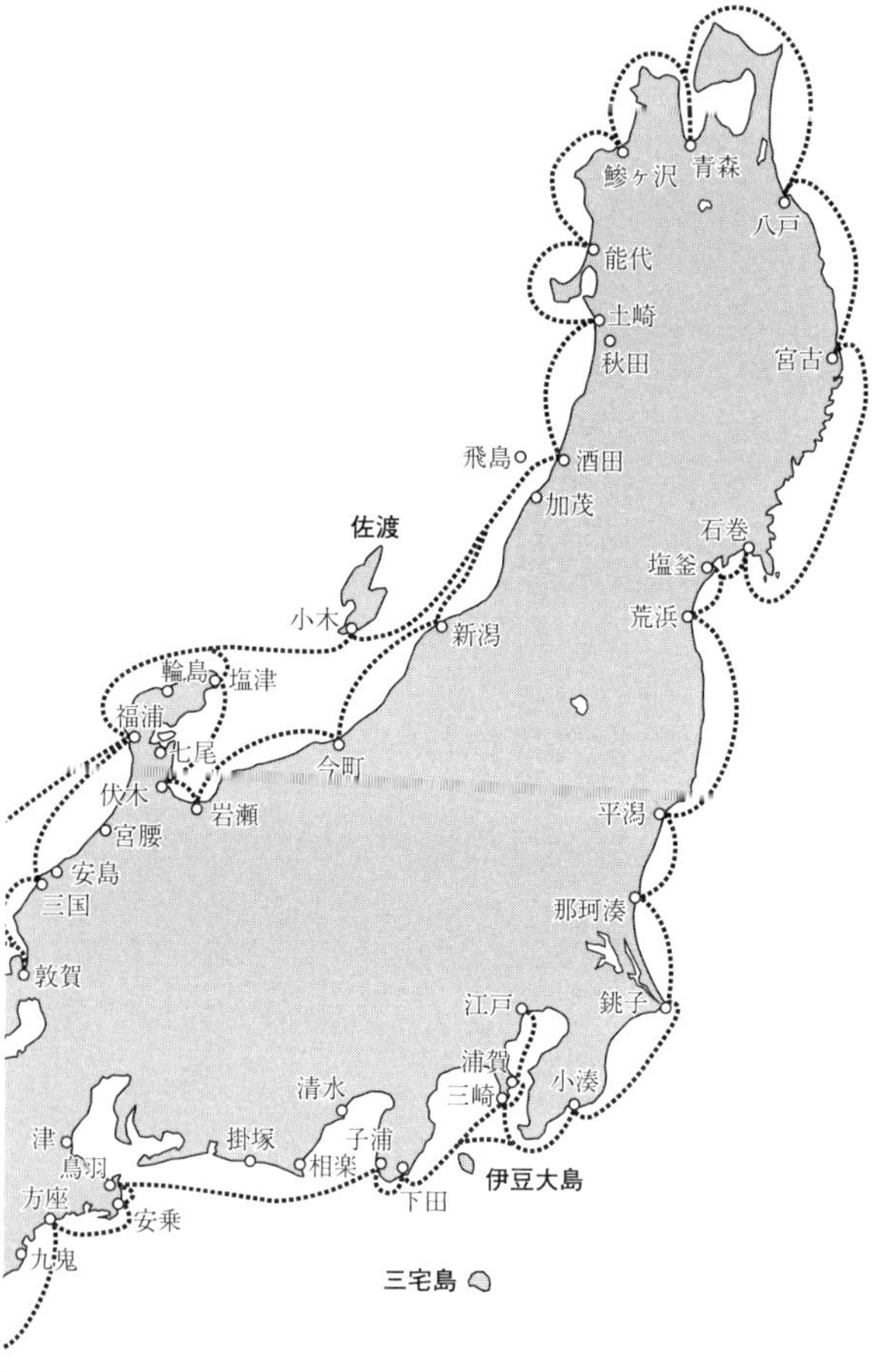

図２　江戸時代の海上交通

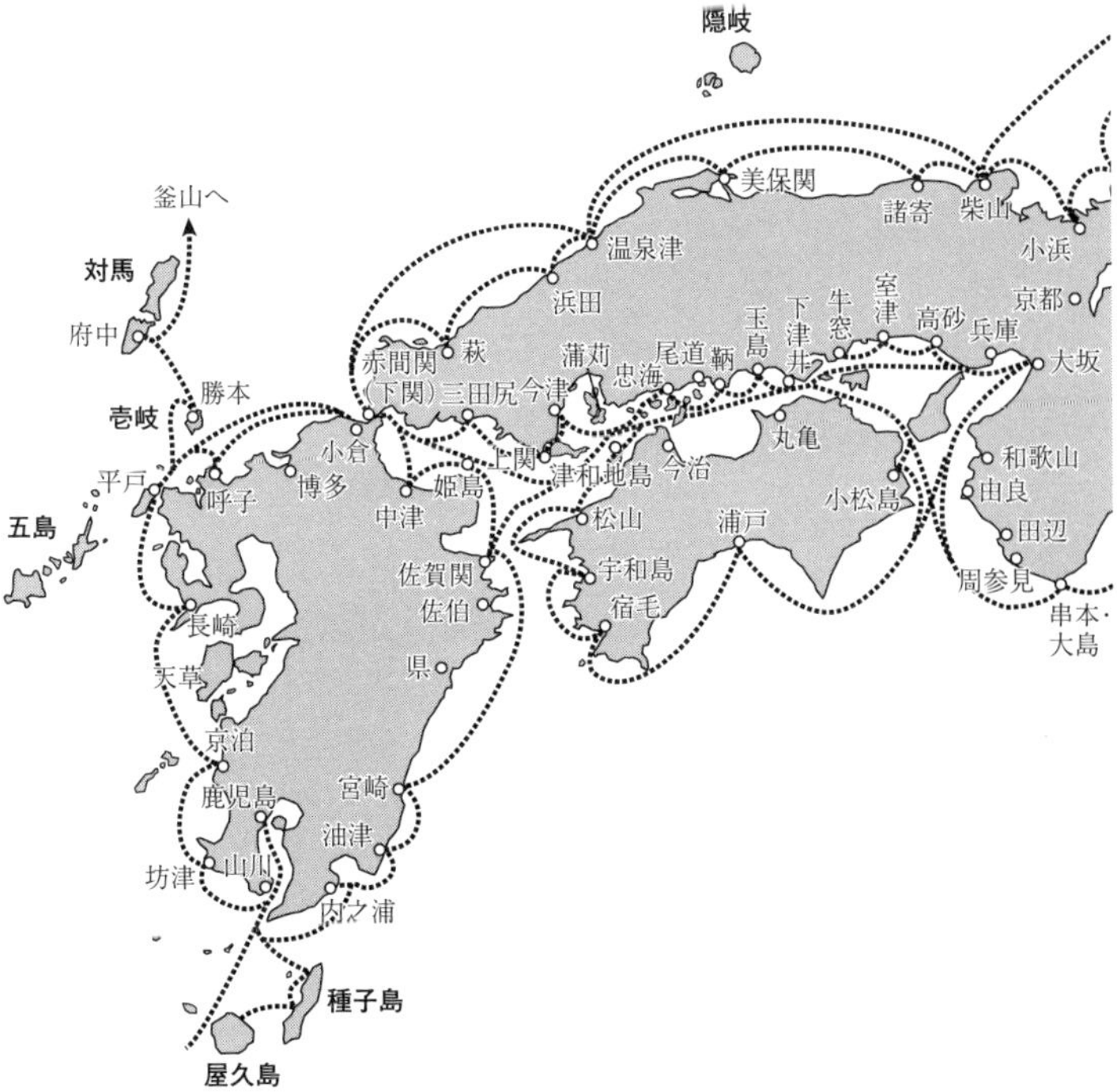
隠岐
釜山へ
対馬
府中
勝本
壱岐
平戸
五島
呼子
博多
小倉
赤間関
(下関)
三田尻
今津
上関
姫島
中津
佐賀関
佐伯
県
長崎
天草
京泊
鹿児島
坊津
山川
宮崎
油津
内之浦
種子島
屋久島
美保関
温泉津
浜田
萩
蒲苅
忠海
尾道
鞆
玉島
下津井
牛窓
室津
高砂
兵庫
大坂
京都
小浜
柴山
諸寄
津和地島
今治
丸亀
松山
宇和島
宿毛
浦戸
小松島
和歌山
由良
田辺
周参見
串本・
大島

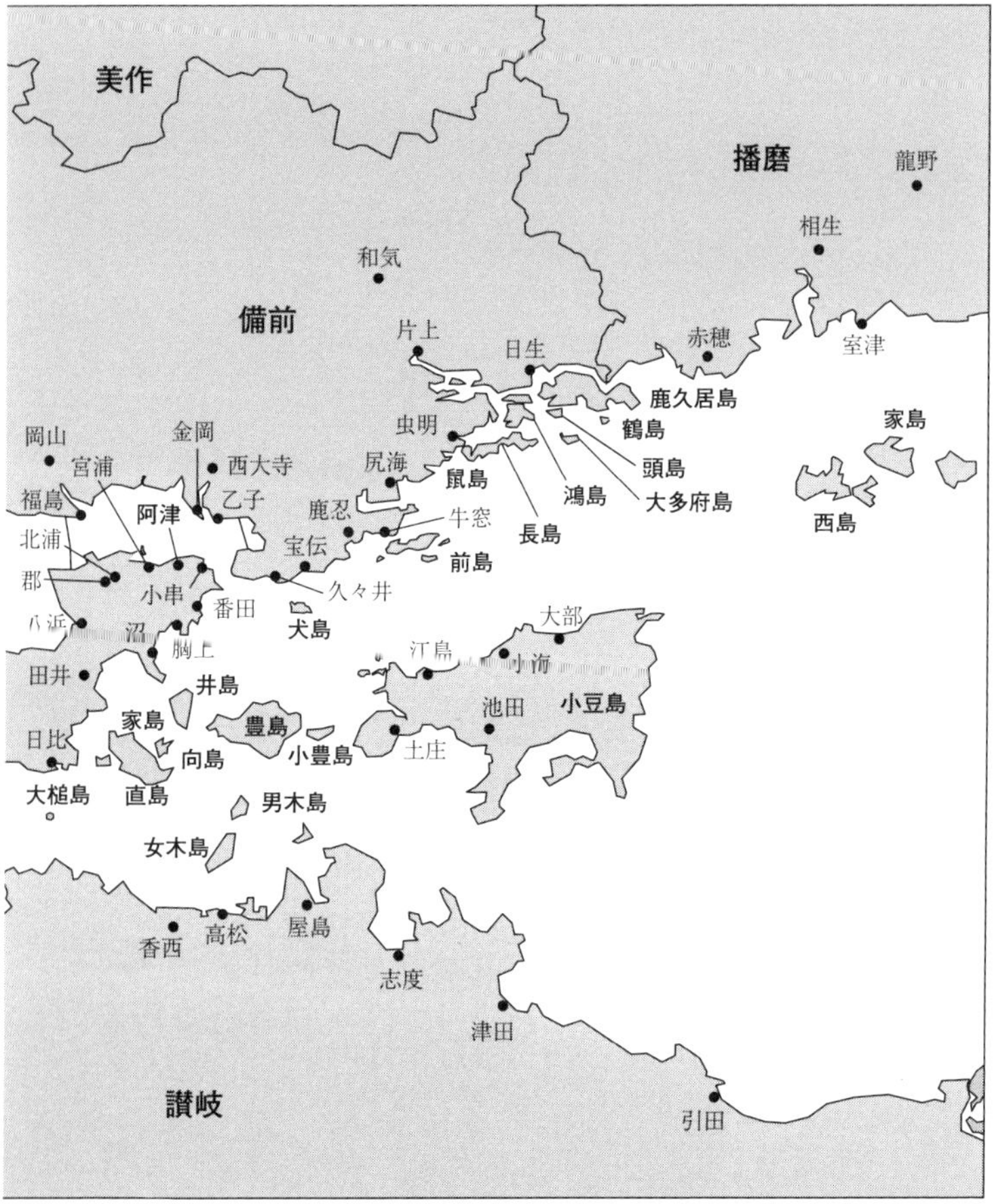

美作
播磨
龍野
相生
和気
備前
片上
日生
赤穂
室津
鹿久居島
鶴島
頭島
大多府島
鴻島
長島
家島
西島
虫明
尻海
鼠島
鹿忍
牛窓
宝伝
前島
久々井
岡山
金岡
西大寺
宮浦
乙子
福島
阿津
北浦
郡
小串
番田
沼
胸上
犬島
大部
江島
田井
井島
家島
豊島
小豆島
池田
日比
向島
小豊島
土庄
大槌島
直島
男木島
女木島
香西
高松
屋島
志度
津田
讃岐
引田

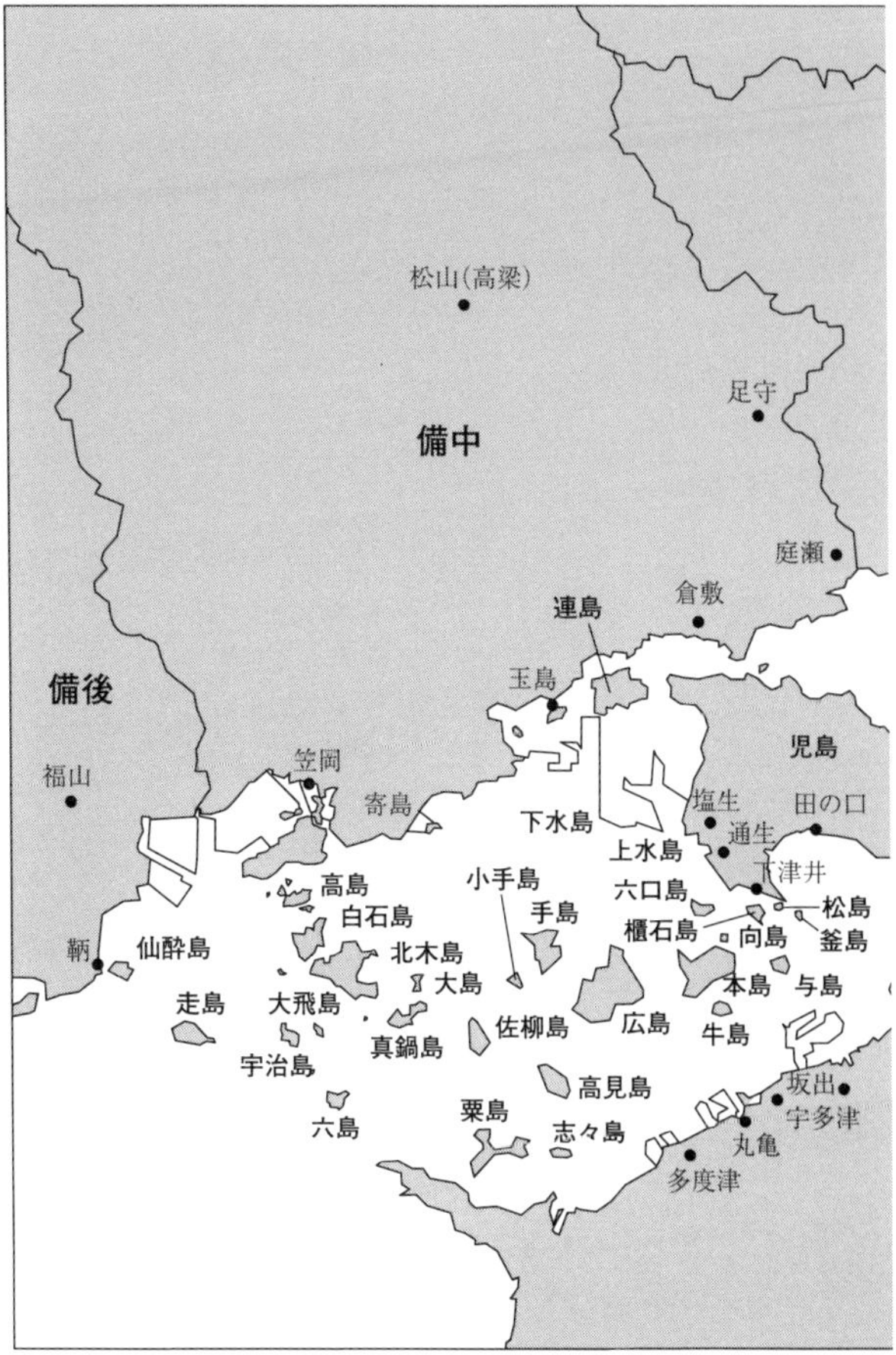
松山(高梁)
足守
備中
庭瀬
倉敷
連島
玉島
備後
児島
笠岡
福山
寄島
塩生
田の口
下水島
通生
上水島
下津井
高島
小手島
六口島
松島
白石島
手島
櫃石島
向島
釜島
鞆
仙酔島
北木島
大島
本島
与島
走島
大飛島
佐柳島
広島
牛島
真鍋島
宇治島
高見島
坂出
宇多津
粟島
六島
志々島
丸亀
多度津

図３　備讃瀬戸海域

瀬戸内交通を伝える記録——プロローグ

1　瀬戸内交通を伝える記録

瀬戸内海交通

瀬戸内海は古くからヒトやモノが行き交い、知識と文化が交流する場であった。この海域の人びとは、海を通じて、列島内部はもとより、東アジアの世界とも直接に結び付いていた。内海は人びとに豊かな自然の恵みを与えてくれる場でもあった。

外海と比べれば内海であるこの海域は、波も穏やかで、風光明媚《ふうこうめいび》なところだ。ただし、水路が複雑で潮流の速いところもあり、岩礁《がんしょう》や浅瀬が隠れていて、嵐でなくても走行の難しいところも少なくなかった。美しさや穏やかさの陰に、自然の厳しさもひめている。

瀬戸内海は人びとが長い年月にわたって豊かで多様な歴史を積み重ねてきた場であった。すでに一四、一五世紀の室町時代には、日常的に多くの船が瀬戸内海を航行しており、物流の動脈として発展していた。しかし戦国時代になると、瀬戸内海も戦乱に巻き込まれ、戦火に焼かれる湊町も少なくなかった。その後、豊臣秀吉や徳川家康によって国内統一が進められるにしたがい、内海の物流も再び活況を取り戻していく。そしてそれを飛躍させたのが、河村瑞賢《かわむらずいけん》による東廻《ひがしまわ》り航路《こうろ》・西廻《にしまわ》り航路の整備であった。このうち東廻り航路は日本海側や太平洋側の東北地方と江戸とを直結するもので、寛文《かんぶん》一〇年（一六七〇）に整備された。他方、西廻り航路は寛文一二年に整備され、日本海側の東北・北陸地方と大坂とを結ぶものであった。この両航路とすでに一七世紀前半に開発されていた江戸・大坂間の航路とを併せて、日本列島が江戸と大坂を二大中心とする一つの国内市場に結ばれた。江戸は政治の中心である首都であり、全国の大名が屋敷を構える一大消費都市であった。京都・大坂や中小の都市を抱える畿内は、消費地であるとともに中世以来の諸産業の集積地でもあった。瀬戸内海交通は、この二大中心の繁栄と結ばれることで、さらに一層の賑《にぎ》わいを増すことになる。

「御留帳御船手」

一般に江戸時代の瀬戸内海交通については、一八世紀の元禄・享保期以降の状況が描かれることが多い。それに対して、本書で取り上げる岡山藩の「御留帳《おとめちょう》御船手《おふなて》」は、西廻り航路開発直後の瀬戸内海交通の状況を生き生きと伝える記録である（図1）。その点で貴重であり、興味深いものだ。

岡山藩は、備前《びぜん》一国と備中《びっちゅう》国六郡（のち五郡）の内に領地を持ち、知行高は三一万五二〇〇石の大藩であった。寛永《かんえい》九年（一六三二）に池田光政《いけだみつまさ》が岡山に入封《にゅうほう》して以来、廃藩置県まで、その子孫が代々藩主を務めている。岡山藩政史料は、現在池田家文庫として岡山大学附属図書館に所蔵されているが、この「御留帳御船手」もそれに含まれている。

船手《ふなて》は、のちに詳しく述べるように、岡山藩の海事行政を司る役所であり、「御留帳御船手」はその業務記録である。延宝《えんぽう》元年（一六七三）から貞享《じょうきょう》三年（一六八六）までの一四年分一三冊が残されており、一年一冊が原則だが、貞享元年・二年分は一冊に仕立てられている。体裁はタテ二七・〇cm×ヨコ二〇・八cm、袋綴《ふくろと》じ竪帳《たてちょう》で、筆跡は藩の基本史料である「留帳」と同じだから、藩の記録係である留方《とめかた》で作られたことは間違いない。「留帳」は項目別に編纂されているが、寛文一二年（一六七二）までの「留帳」（この年まではのちに「備陽国史類編《びようこくしるいへん》」という名称で編纂された）に「船手」の項目はない。延宝元年から貞享三年までの「留帳」にも「船手」の項目はないが、貞享四年からは「留帳」に「船手」の項目が設けられる。つまり、延宝元年から「船手」の記録が作られるようになり、初めは独立した帳面が作られていたが、貞享四年からはそれが「留帳」に吸収されることになったのだ。「御留帳御船手」の作成は、まさにこの時期特有のものであったのであり、それが、時期的にみて、西廻り航路の整備にともなって、藩の海事行政が特別に重視されたことの結果であることは間違いないだろう。

以上のような事情もあって、この「御留帳御船手」には多くの文書が記録されており、そこからさまざまな情報を読み取ることができる。例えば、つぎのような事実はどうだろうか。

莚帆と木綿帆

江戸時代後期の廻船《かいせん》業者である高田屋嘉兵衛の活躍を描いた小説『菜の花の沖』は、司馬遼太郎の代表作の一つだ。嘉兵衛の姿を物語として生き生きと描き出すとともに、随所に司馬の歴史観や蘊蓄《うんちく》をちりばめる手法が成功した作品でもあった。作品のなかでは、当時の北前船《きたまえぶね》についてもさまざまに論じられる。例えば、木綿帆《もめんほ》の普及と改良がもった歴史的な意味について。木綿帆はそれ以前の莚帆《むしろほ》に比べて操作性や走行性に優れており、それが長距離を短時間で走ることを可能にし、物流の発展を促した。木綿帆の普及や改良の背景には木綿生産そのものの発展がある。北前船は「蝦夷地《えぞち》」から肥料となる大量の鰊《にしん》を生産地に届ける。鰊は干鰯《ほしか》と並ぶ代表的な金肥《きんぴ》（購入肥料）で、その投入によって木綿生産が一層発展する。物流が発展することでさらに商品作物生産が発展し産業も発展するという好循環が生まれるというわけだ。灯火用油の原料となる菜の花は木綿と並ぶ商品作物の代表格だ。「菜の花の沖」という題名は、こうした江戸時代の状況を示す絶妙のネーミングであった。

司馬の和船《わせん》についての情報は基本的に和船研究の第一人者である石井謙治の仕事（石井一九九五）にまとめられている）によっている。石井は、木綿帆が普及するのは一七世紀後半からだと書いているが、その具体的な状況については述べていない。それを資料的に示すことは、なかなか難しいからだ。木書表紙カバーに載せた「川口遊里図屏風」は大坂川口の賑わいを描いたもの。石井の著書（同前）の口絵にも掲げられているが、莚帆の廻船の姿を示す数少ない図像の一つである。

延享《えんきょう》五年（一七四八）に、江戸時代になって一〇回目の朝鮮通信使が来日する。通信使の派遣についてはのちに述べる。通信使一行の中心は正使・副使・従事官の三使で、それぞれに騎船《きせん》（乗船）と卜船《ぼくせん》（荷物船）があった。この通信使の船団が瀬戸内海を航行する様子を描いた絵巻物がある（倉地二〇〇一）。備前国児島《こじま》郡日比《ひび》村（現玉野市）で作られたもので、現在ユネスコ世界記憶遺産の一つになっている（仲尾他二〇一七）。それによれば、正使の騎船は木綿帆であったが、卜船は莚帆であった（図4）。絵師は、「茅葉《ちは》」か「七島《しちとう》」かと書いている。「七島」は背の高い藺草《いぐさ》で、畳表の材料にもなった。莚帆は茅《かや》や藺草で作られるから、絵師たちも莚帆を見知っていたと思われる。この時は、副使の騎船が対馬《つしま》の鰐浦《わにうら》で焼失したため、急遽《きゅうきょ》副使は卜船に乗り換え、荷物は対馬の船で運ばれることになった。この副使船の帆についても絵巻では「七島」のようなものと註記している

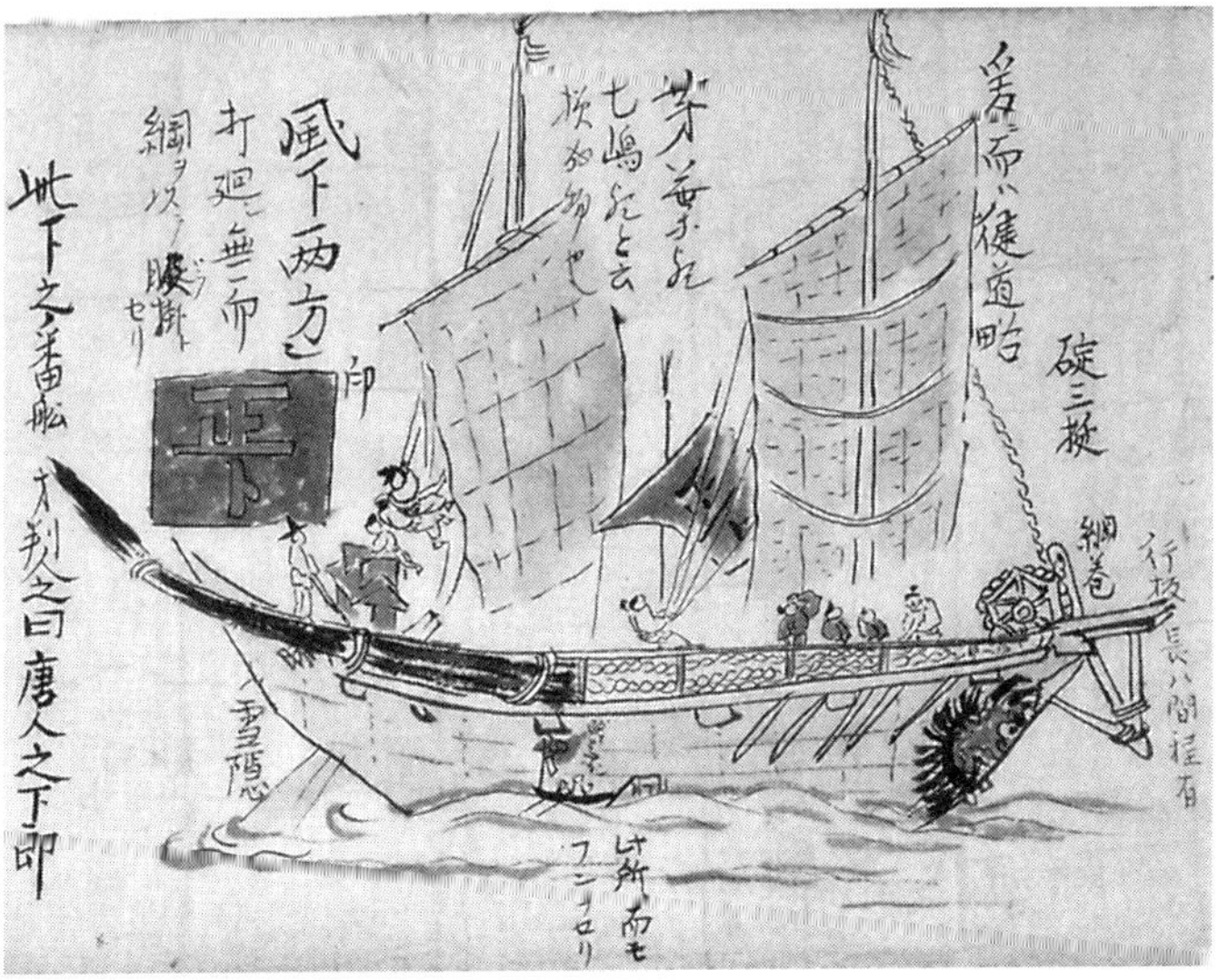

図４　正使卜船（「朝鮮人来朝覚 備前御馳走船行烈図」より，松濤園 御馳走一番館〈呉市下蒲刈町〉所蔵）

表１　「御留帳御船手」にみる帆の種類

年　代	帆の大きさ・種類	船籍地・船主
①延宝 1年	3端　内１端木綿入帆	備前小串村庄左衛門
②延宝 4年	13端　莚帆	不明
③　〃	7端　木綿帆	松平伊予守手船小早
④延宝 5年	7端　ちわ莚帆	備前北浦村伝十郎
⑤延宝 7年	6端　木綿帆	不明
⑥　〃	4端　莚帆	備前梶岡村長兵衛
⑦　〃	6端　４端ちわ莚帆・２端木綿帆	備前日生村半助
⑧延宝 8年	6端　内２端木綿帆	備前鹿忍村伝次郎
⑨　〃	10端　莚帆	出雲松江町喜右衛門
⑩天和 3年	13端　莚帆	出雲加賀浦三郎兵衛
⑪天和 4年	5端　茅葉帆	長門先崎浦新太郎

註）『御留帳御船手』上・下より作成．月日は省略した．

が、見物人たちはそれに驚いている。当時の瀬戸内地域では、木綿帆のほうが一般的になっていたからだろう。

「御留帳御船手」には、わずかだが難破した船の帆の種類について記したところがある。それをまとめたのが表1である。一一例のうち木綿帆は二例、その一つ③は岡山藩の船である。もう一例⑤は所属が不明。岡山藩の「御留帳評定書《おとめちょうひょうじょうがき》」（刊本となっている延宝八年までについては『評定書』とし、刊本となっていない天和元年以降は「評定書」と註記する）の天和四年（一六八四、二月二一日に貞享と改元）正月二七日の記事によれば、新しく造られる「使者船の帆・日おおい」か「くじら船の帆」に使うために「もめん百三拾端《たん》」を「代銀凡《およ》そ五百目」で買うことになっている。「評定書」は、家老をはじめ重臣が参加して藩の政策などを審議する評定の記録。評定は月に三回定期的に開かれていた。この頃すでに藩の船では木綿帆を使うことが一般的になっていたのだ。

他方、それ以外の九例は莚帆で、不明の一例②を除く八例すべてが民間の船である。「ちわ」は「茅葉」（ちは、かやは）と同じで、莚が茅で作られていることを示している。「莚帆」とだけ記されるものの材料はわからない。莚帆のなかで注目されるのは例①・⑦・⑧で、三端帆のうち一端が木綿か、六端帆のうち二端が木綿で、あとが莚というものだ。まさに莚帆から木綿帆への過渡期の状況をしめす帆の形式だろう。こうした帆の民間の船が備前にはあったのだ。

「御留帳御船手」から、延宝・貞享期には藩の船などに木綿帆が普及していたが、民間の船はほとんどがまだ莚帆で、なかに莚と木綿の混交帆が存在していたことがわかった。なお、例⑦の半助船の場合、ちわ莚帆四端は現地で売り払い、木綿帆二端は持ち帰っている。木綿帆はまだ貴重で、入手が難しいものだったのだろう。

こうしたことの他にも「御留帳御船手」を細かく読んでいけば、きっと興味深い事実が明らかになってくるのではないか。そんな期待を持って読み進めてみたい。

本書の構成

「御留帳御船手」の魅力は、多数の事例が記載されていることだ。例えば、海難事故だけでも一四年間にほぼ六〇〇件近い事例がある。そのため、個別の事例を取り上げる場合も、それを全体の状況のなかに位置付けることができる。ただし、本書は紙幅も限られるために、多くの事柄に触れることはできない。そこで、以下、次のような内容について記録を読み進めてみようと思う。

まず「瀬戸内海の交通環境」の章では、当時の海上交通をめぐる環境について取り上げる。ここでは、備前と讃岐《さぬき》との間の海域（以下「備讃瀬戸《びさんせと》」と呼ぶ）を中心に航路の状況や港湾の整備などに触れる。岡山藩の船手や藩および民間の船の存在状況、幕府や藩の公用通行についてもここで述べる。

「海難事故と救助」の章は、主に海難事故について取り上げる。日本海や太平洋での岡山藩領の船（「備前船」と呼ぶ）の海難事故も取り上げ、漂流事件についても二、三の事例を紹介する。

「江戸時代前期の物流」の章は、瀬戸内海を中心とした当時の物流の状況を述べる。輸送や売買をめぐる紛争についても取り上げたい。

こうした叙述を通じて、一七世紀後半の瀬戸内交通の状況について、少しでも具体的なイメージを持っていただければ、本書の目的は達せられたものと考える。

本書の記述は基本的に「御留帳御船手」によっている。そのため、この記録に基づく事項については特に註記しない。「御留帳御船手」は『御留帳御船手』上・下（岡山大学出版会）として刊行されているので、参照していただければ幸いである。その他依拠した史料や文献は、本文中では（石井一九九五）のように略記し、詳細は巻末にまとめて掲げた。本文中に括弧を付けて示した史料のうち、巻末に掲げた刊本以外のものは、すべて池田家文庫の岡山藩政史料である。史料からの引用は現代文か書き下し文にし、送り仮名も増やした。年月日は当時の暦によっている。読者の便宜のために西暦を註記したが、和暦と西暦の対応は厳密なものではなく、年表のように大まかな対応を示したものである。必要に応じて、西暦との対照を野島寿三郎編『日本暦西暦月日対照表』によって示した。時刻は、当時の不定時法《ふていじほう》による記載を、大まかに現在の時法に読み替えて記述した。地名は、現在の所在がわかるものについて適宜註記し、巻頭に図2・図3として江戸時代海上交通図と備讃瀬戸海域図を掲げている。

和船の構造や各部位の名称などについては、石井謙治『和船』Ⅰ・Ⅱに学んで記した〔石井一九九五〕。うまく表現しきれていないところは、同書にあたっていただけると幸いである。

瀬戸内海の交通環境

江戸時代のはじまり

ヒトやモノの輸送をつかむためには、当時の廻船《かいせん》をめぐる交通環境を押さえておかなければならない。航路や湊の状況、船や船乗りの存在形態、船の管理や制度などについても見ておくことが必要だろう。そうしたことは、同じ瀬戸内でも地域や領主によって少しずつ異なっていた。ここでは備前国と岡山藩を例にして初めに述べておこう。なお、江戸時代の国家権力のことを当時の言葉にしたがって「公儀《こうぎ》」と呼ぶ〔朝尾一九九四〕。

室町時代の状況

中世は荘園制の時代である。京都などの荘園領主のもとに西国の荘園からの貢納物が、瀬戸内海を通って運ばれた。室町幕府に断続的に送られた朝鮮王朝の使節たちも、瀬戸内海を往来した。山口の守護大名である大内氏はたびたび朝鮮に遣使しているし、一四七一年に成立した申叔舟《シンスクチュ》の『海東諸国紀《かいとうしょこくき》』によれば、備《び》前牛窓《ぜんうしまど》・児島《こじま》、備後竹原《びんごたけはら》・三原《みはら》、安芸広島《あきひろしま》・厳島《いつくしま》などの領主も独自に朝鮮へ使節を送っている。

『兵庫北関入船納帳《ひょうごきたせきいりふねのうちょう》』は、文安《ぶんあん》二年（一四四五）に兵庫北関に入津《にゅうしん》した船の積荷に対する税を徴収した台帳である。これによって当時の物流の活発な状況が見て取れる。運ばれているモノは、米・雑穀・塩・海産物がほとんどで、一部に木材も見られる。入津する船の船籍地は瀬戸内海各地に広がっており、現在の岡山県に属する備前国・備中国では、日成（日生《ひなせ》、現備前市）・方上（片上《かたかみ》、同）・伊部《いんべ》（同）・虫上（虫明《むしあげ》、現瀬戸内市）・牛窓（同）・犬島《いぬじま》（現岡山市）・郡《こおり》（同）・阿津（厚《あつ》、同）・八浜《はちはま》（現玉野市）・番田《ばんだ》（同）・宇野《うの》（同）・日々（日比《ひび》、同）・下津井《しもつい》（現倉敷市）・小豆島《しょうどしま》（江戸時代には讃岐《さぬき》、以上備前国）、連島《つらじま》（現倉敷市）・西宛（西阿知《にしあち》、同）・南浦《みなみうら》（現浅口市）・笠岡《かさおか》（現笠岡市、以上備中国）が認められる〔岡山県史一九九二〕。これらは、江戸時代にも船持《ふなもち》が居住する、名のある湊町であった。本書でもたびたび登場するだろう。

ところが、戦国時代の動乱の中で瀬戸内の湊町は衰微する。牛窓は、『兵庫北関入船納帳』で兵庫に次いで入船数が多く、中世海運の拠点として栄えた湊町であったが、戦火に町屋《まちや》が焼かれ、朝鮮交易にも従事した海商領主の石原氏も没落した〔牛窓町史二〇〇一〕。

慶長八年（一六〇三）徳川家康が征夷大将軍に任じられ、いわゆる江戸時代がはじまる。

家康は国内統治の体制を整えるとともに、豊臣秀吉の朝鮮出兵によって断絶した朝鮮との復交を試みる。対馬の宗氏の懸命の努力もあって、慶長一二年に朝鮮国王から徳川将軍へ最初の使節が派遣されることになる〔仲尾　一〇〇七〕。この使節が瀬戸内を通ったとき、牛窓は、町屋も三〇〇戸ほどしかなく、播磨《はりま》の室津《むろつ》（現たつの市）と比べてかなりさびれていたようだ。他の湊町も似たような状況であった。そのため、この初回と次の元和《げんな》三年（一六一七）のときに朝鮮使節の接待が行われたのは、瀬戸内海では赤間関《あかまがせき》（下関）と室津のみであった。なお、江戸時代にはあわせて一二回の朝鮮使節が派遣されているが、最初の三回の使節は「回答兼刷還使《かいとうけんさつかんし》」と呼ばれ、徳川将軍の国書に回答した朝鮮国王の国書を伝え、秀吉の出兵によって日本に強制連行された朝鮮人を刷還する（故地に連れ返す）ことを目的としていた〔同前〕。

湊町が衰微していた状況は、江戸時代になって幕府や藩の公用交通が繰り返されることで、次第に改善されていく。

寛永期の状況

寛永元年（一六二四）三回目の朝鮮使節が来日する。このときから岡山藩による牛窓での接待が始まる。ただし、のちのような下津井や日比での通行への対応は準備されていない〔牛窓町史二〇〇一〕。当時の岡山藩主は池田光政の叔父にあたる池田忠雄《ただお》であった。

寛永九年、忠雄が死去し、それまで鳥取にいた光政は忠雄の子の光仲《みつなか》との国替えで、岡山藩を引き継ぐことになる。参勤中で江戸に居た光政は急いで岡山に入ることになり、鳥取には帰らず、大坂から藩の関船《せきぶね》白鷗丸《はくおうまる》で岡山に向かっている（『池田家《いけだけ》履歴《りれき》略記《りゃっき》』、以下『履歴』と記す）。以後光政は参勤交替の往復に岡山・大坂間を海路で行くことが多い。関船は、櫓行《ろこう》も帆走《はんそう》も可能な軍船で、櫓が三六挺立《だて》以上のものを言った。そのなかでも大型で立派なものが、藩主などが使用する御座船《ござぶね》（「御召船《おめしぶね》」ともいう）とされた。

西国大名が参勤交替で瀬戸内海を利用することは少なくない。例えば肥後《ひご》熊本《くまもと》藩細川《ほそかわ》家の場合、熊本からは陸路で豊前《ぶぜん》小倉《こくら》（現北九州市）か豊後《ぶんご》鶴崎《つるさき》（現大分市）に出る。小倉からは陸路を行く場合もあるが、多くは船で播磨室津に向かい、室津からは陸路を通った。鶴崎からは船でやはり室津に向かった。鶴崎には宝永《ほうえい》三年（一七〇六）に熊本藩の所有する船が一一六艘置かれており、そのうち五〇艘から六〇艘ほどが参勤に使われたという（新熊本市史二〇〇一）。

寛永一三年、四回目の朝鮮使節が来日する。この時から使節の名称も「通信使」と改められ、全般的な善隣友好を目的にするものになる。瀬戸内各地の湊でも使節の饗応が行われる。関門海峡《かんもんかいきょう》から瀬戸内海に入った使節一行は、赤間関（萩藩）、上関《かみのせき》（同）、蒲刈《かまかり》（広島藩）、鞆《とも》（福山藩）、牛窓（岡山藩）、室津（姫路藩）、兵庫（尼崎藩）で饗応を受け、大坂に至った。括弧内に記したのは接待を担当した藩である。使節一行の安全な通行を支援することも、各大名の果たすべき公儀の役であった。同年四月一六日に幕府から使節の「領内万馳走《よろずちそう》」を命じられた光政は、七月二三日に岡山に帰国、一一月六日の牛窓での饗応にも臨席している〔牛窓町史二〇〇二〕。

寛永一四年、島原天草一揆が起こる。在江戸《ざいえど》中であった光政は国許に命じて関船一〇艘を大坂に待機させ、急遽九州へ帰る島原藩松倉長門守《まつくらながとのかみ》・豊後府内《ふない》藩日根野織部《ひねのおりべ》の用に供した。次いで幕府上使《じょうし》として板倉内膳正《いたくらないぜんのかみ》・石谷十蔵《いしがやじゅうぞう》が九州に向かうときにも、岡山藩の関船が使用されている（『履歴』）。九州諸藩の兵を動員した幕府軍は、一揆勢が立て籠もった原城攻撃に思いのほか手こずった。島原への出陣を予想した光政は、翌寛永一五年二月一七日に岡山に帰国する。しかし二月二八日に原城は陥落し、出陣には至らなかった〔倉地二〇一二〕。松平信綱《まつだいらのぶつな》・戸田氏鉄《とだうじかね》らの幕府勢の帰還に際しても、藩船を小倉まで派遣して大坂までの御用を勤めさせている。光政も四月一七日に牛窓に出向いて両人に挨拶した（『履歴』）。

寛永一六年七月五日、幕府はポルトガル船の来航を禁止した。あわせて諸大名に対して、浦々に確かな番人を置き、異国船を見付け次第長崎に通報するように命じた。岡山藩ではこの条々を高札《こうさつ》にして各所に立てさせている（『御納戸大帳《おなんどおおちょう》』）。

寛永一七年、貿易の再開を求めてポルトガル船が長崎に来航する。幕府は大目付《おおめつけ》加々爪《かがつめ》民部《みんぶ》・野山新兵衛を長崎に派遣してポルトガル人を処刑した。六月六日、光政は大坂から八幡丸《はちまんまる》で岡山に帰る。加々爪・野山が江戸に帰る際には藩の喜徳丸《きとくまる》を小倉に遣わし、大坂まで送った。途中七月七日から備中足守《あしもり》藩主木下《きのした》肥後守《ひごのかみ》とともに牛窓で待機していた光政は、一三日に両人を迎え接待している（『履歴』）。このとき両人から海辺に遠見番所《とおみばんしょ》を設け異国船を速やかに見付けるよう命じられた。そののち両人は室津で近隣の大名の役人を集め、同様の申し渡しを行っている（『池田光政日記』）。加々爪は、これまでの番所はキリシタンを摘発するためのものであったが、今回のものは異国船警備のためであることを強調した。光政は遠見番所を設ける場所を調査させ、ついでに浦々の庄屋にキリシタン改めを命じた書付《かきつけ》に請判《うけはん》（命令の遵守を誓約する印）をさせ、牛窓と下津井の番所には自ら署判した壁書《かべがき》（掟書き）を掲げさせている（『池田光政日記』）。

幕府の外交体制が整えられていくにしたがって、瀬戸内交通の重要性が高まっていくことがわかるだろう。

正保の国絵図

寛永一八・一九・二〇年の参勤交替にあたって光政は、岡山・大坂の往復にいずれも海路をとっている。寛永二〇年、第五回目の朝鮮通信使が来日する。このときも前回同様の接待が行われた。牛窓には寛永七年に藩の御茶屋《おちゃや》が設け

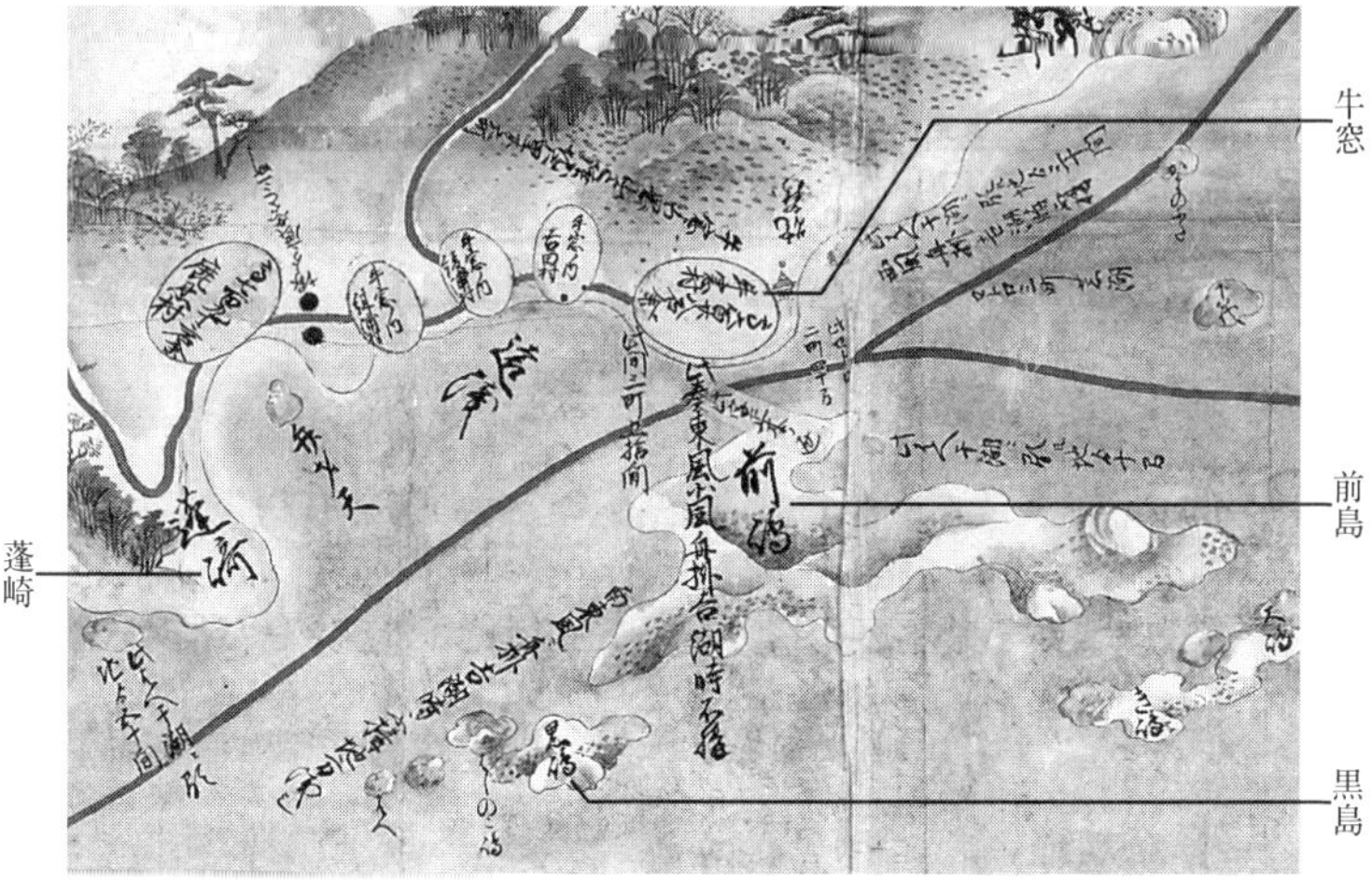

図５　「備前国絵図」より牛窓周辺（正保２年，岡山大学附属図書館所蔵）

られている〔松本一九八五〕。御茶屋は藩主の休息所であるとともに、幕府役人や大名たちを接待する場所でもあった。のちには朝鮮通信使の饗応の場にもなる。公用交通が盛んになるなかで、牛窓湊の町並みはこの御茶屋を中心に整備されていく〔三宅一九九〇〕。

正保《しょうほう》元年（一六四四）一二月二五日、幕府は全国の大名に国絵図《くにえず》の作成と提出を求めた。この正保の国絵図は、統一的な基準に基づいて全国的に完遂された画期的なものであった。また治安対策の目的で交通情報が重視され、国絵図とともに「道筋《みちすじ》并《ならびに》灘道船路帳《なだみちふなじちょう》」の提出が義務づけられた〔川村一九八四〕。この帳面に対応して、海上航路、海上の里程、湊や洲《す》などの情報が図中に書き込まれている。岡山藩は備前と備中の国絵図の作成を担当した〔倉地二〇一八〕。

一例として正保の備前国絵図における牛窓周辺の描写を掲げてみる（図5）。航路は太い朱線で引かれる。牛窓湊には「此《こ》の湊東風北風に舟掛《ふながか》り吉《よし》、潮時構《しおどきかま》わず」と書かれ、牛窓と前島《まえじま》の間は西方で「此の間三町《ちょう》五拾間《けん》」、東方で「此のセト口《ぐち》二町四十間」とある。一間は約一・八m、一町は六〇間で約一〇九m。「三町五〇間」だと約四一七m、「二町四〇間」は約二九〇m。「舟掛り」は湊に船を着けること、「潮時構わず」は潮の干満にかかわらず、いつでも着岸可能ということだ。「瀬戸」は陸が迫る小さな海峡、「セト口」はその入口。湊の東手の新町にも船着場があり、こちらは「西風舟掛り吉、潮時構わず」とあるが、「セト口三町荒潮《あらしお》」と注意している。この船着の北には「はへ」があり、「干潮《かんちょう》に顕《あらわ》る、地より三十間」と註記がある。「はへ」は海中の暗礁のこと、「そあい」「そわへ」（「そハへ」）とも言う。近くでも、蓬崎《よもぎざき》の西南、黒島はしのこ島の西、前島の東に「はへ」が描かれている。前島にも船着きが可能で、「南東風に舟掛り吉、潮時構わず、地方《ちかた》浅し」と書かれている。以上は、この海域を航行するのに有用な情報であったに違いない。

なお、図に掲げた部分より南の海上部には、牛窓から他所への里程として、「讃岐国高松え七里・円亀《まるがめ》（丸亀）え十四里、播磨国室え十里、小豆島え三里、下津井え十里」と書き

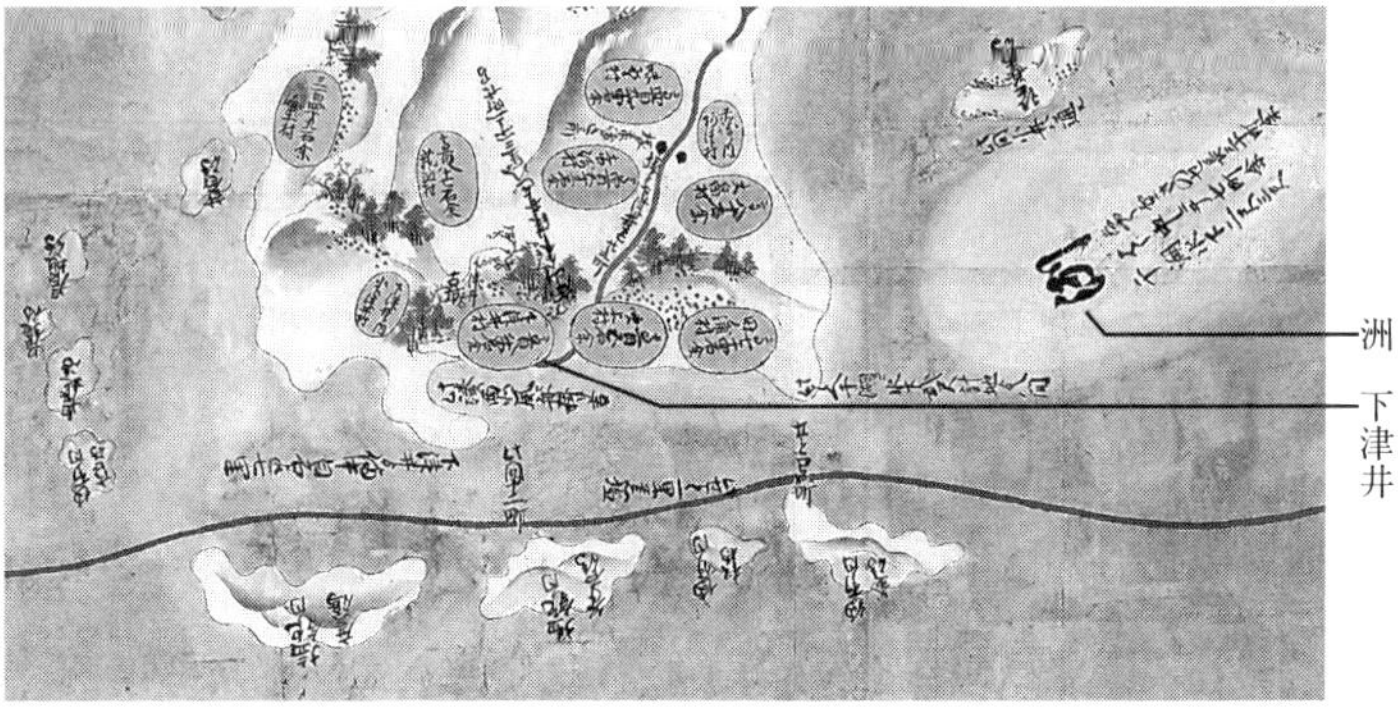

図６　「備前国絵図」より下津井周辺（正保２年，岡山大学附属図書館所蔵）

込まれている。一里は約三・九km。
牛窓には燈籠堂《とうろうどう》も描かれていて注目される。藩の牛窓番所が管理したもので、灯明《とうみょう》代が支給された。これも海上通行の安全のために整備された施設であった。その後、延宝元年（一六七三）に下津井、延宝八年に岡山の福島川口、元禄一一年（一六九八）に大漂《おおたぶ》（大多府）にそれぞれ燈籠堂が建てられている（『履歴』）。

牛窓のほか、大漂、犬島、下津井の周辺にも海上交通に関する情報が記されている。これらは通行上注意を要する場所であった。図6に下津井周辺を示した。下津井の東で日比との間の海上には大きな「洲」が描かれていて、「しやくなきのせ」と書かれている。「長さ三十町余、はば中にて七町余、干潮水下二尺、三尺」とある。一尺は約三〇cm。深さ一mもない浅瀬が約三・三kmも続いていた。「洲（瀬）」は豊かな猟場（漁場）であったが、座礁《ざしょう》の危険のある場所でもあった。これらの難所については「海難事故と救助」の章で触れる（114ページ）。

岡山藩が作成した備前と備中の国絵図は、正保二年に幕府に提出される。この年岡山藩は独自の難船救助の規定を定めるが、そのことも「海難事故と救助」の章で述べる（67ページ）。

延宝九年の備前国絵図

野﨑家塩業博物館に超大型の備前国絵図が伝えられている〔倉地二〇一八〕。正保の国絵図に基づいて延宝九年に岡山藩が独自に作ったものと思われる。芸術性と実用性を兼ね備えたもので、書き込まれた情報は正保図と比べて格段に詳しくなっている。海上では、特に「そハへ」の記載が増えていることに注目したい。この国絵図が作られたのは、本書で取り上げる時期と重なっている。海上交通の安全への関心が高まっていることを示すだろう。

同年九月六日に徳川綱吉《とくがわつなよし》の将軍襲職《しゅうしょく》にともなう巡見使《じゅんけんし》が岡山藩を訪れている（『履歴』）。巡見使は将軍の代替わりに際して諸国に派遣され、政治の状況を監察した。このとき中国地方に派遣された三人の巡見使は、一二日に児島の日比から岡山藩の八幡丸・日光丸・住吉丸に分乗して海辺の巡見を行っている。これにあわせて岡山藩では、藩の五二挺立から四二挺立までの関船六艘、小早《こはや》一七艘をはじめ計七四艘を動員した。小早は小型の

表2　延宝元年「御留帳御船手」にみえる「みを木」

場　所	長　さ	(m)
児島厚村之山はなそハひ	2間2尺4寸	4.32
犬島之西いわしそハひ	1丈5寸	3.15
邑久郡黒島之百尋そハひ	7尋1尺	12.90
同郡八幡山ぶんなしそハひ	3尋2尺5寸	6.15
同郡かふら崎なへふたそハひ	3尋2尺5寸	6.15
和気郡大たふ東ノ沖そハひ	1丈6尺	4.80
児島郡渋川村ノ前しやくなき高洲　4か所	6尋2尺	11.40
	5尋4尺	10.20
	6尋3尺	11.70
	6尋3尺	11.70

註）『御留帳御船手』より作成．メートル換算は1寸＝3㎝とした．

関船で、ふつうは三六挺以下のもの。岡山藩では、それよりさらに小型で一〇挺以下のものを小関《こせき》と呼んだ。翌一三日、海上視察を終えた巡見使は牛窓から上陸し、一六日まで領内巡見を続けて一六日に播磨国に出ている。この海上巡見にもこうした国絵図が利用されたに違いない。

みを木

延宝九年の備前国絵図には海上の一三か所に「みを木」が記載されている。それを東から挙げてみると、大漂島東沖1、牛窓蕪崎《かぶらざき》沖2、牛窓端《はし》ノ小島西1、犬島北西沖1、福島沖大川川口3、阿津（厚）村沖1、胸上《むねあげ》村沖1、しやくなきの瀬沖3、である。「みを」（水尾、澪）は船の通路のことで、「みを木」はそれを示す標識。とくに「はへ」や「す」の近くでは、通行の安全にとって重要な施設であった。こうした標識が建てられた場所としては大坂の河口が有名だが、備讃瀬戸の要所にも設けられていたのだ。

この「みを木」は延宝元年に岡山藩によって設けられたものであることが、「御留帳御船手」からわかる。それによれば、同年八月に領分浦辺の「そわへ」に「みを木」を建てるよう船手に仰せ付けられ、一〇月二八日までに完了したことが船奉行から評定に報告されている。建てられたのは一〇か所で、内訳は表2のとおりである。比べて見ると、福島沖大川川口の三か所以外の「みを木」が延宝元年に建てられたものであることがわかる。

延宝五年閏一二月に川口の「みを木」のうち一本が抜け、一本がゆがんだという連絡が北浦村からあった。福島川口の「みを木」は、延宝元年から五年までの間に建てられたのだろう。評定では北浦村《きたうら》に建て替えさせるよう郡肝煎《ぐんきもいり》に命じている。郡肝煎は、のちの郡《ぐん》代《だい》にあたる役職。評定と郡奉行の間で連絡・調整にあたった。川口の瀬が変わったのが原因だというから、それまで二本であったものが、このときから三本に増やされたのかもしれない。建てる場所の指示は、船手の森屋《もりや》七郎兵衛が行っている。安全管理のためには、「みを木」のメンテナンスも欠かせなかった。

領内の港湾や海路の諸施設を整備・管理することは、領主が幕府から与えられた公儀の役目だった。

岡山藩船手

船手《ふなて》は岡山藩の海事行政を司る役所で、その長官が船奉行《ふなぶぎょう》である。船手が正式に発足するのは池田光政が岡山に転封《てんぽう》になった寛永九年（一六三

中村主馬

二）以降だが、それに類した役職は以前から存在していた。最初の船奉行である中村主馬《しゅめ》の家譜によれば、父の主殿助《とのものすけ》が光政の祖父の輝政《てるまさ》に仕え、船手を仰せ付けられていたという（『家中諸士家譜五音寄《かちゅうしょしかふごいんよせ》』、以下『五音寄』と記す）。輝政は当時豊臣秀吉に仕え、三河《みかわ》吉田（現豊橋）の城主であった。中村家は摂津《せっつ》武庫《むこ》郡の出身で荒木村重《あらきむらしげ》に仕えていたが、その没落後牢人《ろうにん》していたのを、輝政が見出して知行三〇〇石を与えて召し抱えた。

秀吉の朝鮮出兵のとき、諸大名の安宅船《あたけぶね》が肥前名護屋《ひぜんなごや》に集められた。安宅船は当時盛んに造られていた大型の軍船で、大きいものは二〇〇〇石積み以上あった。主殿助も池田家

の安宅船を乗り廻したが、小振りであったため、立派に見えるように工夫をして参加した。それを見た秀吉が立派さに感心し、事情を説明した主殿助は秀吉から直々《じきじき》に褒美を与えられたという。関ヶ原の戦いの後、輝政が徳川家康から播磨一国を与えられたときには、高砂《たか》《さご》城に在番することになり、騎馬九〇人余のほかに「御船手船頭《ふながしら》五拾人・加子《かこ》五百人」を預けられている。「加子」は一般の乗組員のこと。「水主《かこ》」とも書く。

主殿助の死後、子の主馬は事情があって一時岡山藩を離れるが、大坂の陣後に再び召し抱えられ、知行一五〇〇石を与えられる。そして寛永九年に光政の岡山転封にともなって船手を仰せ付けられた。先に述べたように、光政は島原天草一揆の前後に幕府の海上御用や朝鮮通信使接待などにあたっているが、実際にその業務を担ったのが中村主馬であった。正保二年（一六四五）に病死。家督を継いだ子も主馬を名乗り、船奉行の役も継いだ。この主馬も父と同じように船手御用を勤める。こうしたことはのちに述べる。中村家は、代々池田水軍の長であったと言えるだろう。

船奉行・船手役人

江戸時代前期に岡山藩の船奉行を務めたものを表3にまとめてみた。寛永期から貞享期までは二人で務めることが多いが、元禄期以降は基本的に一人で務めることになる。知行高では五〇〇石前後から一五〇〇石までで、鉄砲《てっぽう》頭《がしら》などを務めた中堅家臣が任命されている。中村家のほか、神《じん》家や岸家など特定の家が

表3　江戸時代前期の岡山藩船奉行

人名	期間	西暦	石高	前職
中村主馬	寛永 9. 9.〜正保 2. 閏 5.	1632-45	1,500	
岡田源大夫	寛永 9. 9.〜寛永11.9.	1632-34	400	
岸織部	寛永19. 8.〜承応 1. 6.	1642-52	600	
中村主馬	正保 3. 8.〜寛文10. 8.	1646-70	1,500	鉄砲頭
水野治大夫	承応 2. 7.〜明暦 1. 7.	1653-55	1,000	鉄砲頭
神図書	明暦 1.10.〜寛文 6.10.	1655-66	1,000	
岸織部	寛文 6.10.〜寛文12.10.	1666-72	600	鉄砲頭
上坂外記	寛文10. 8.〜延宝 2.11.	1670-74	1,500	鉄砲頭
丹羽次郎右衛門	寛文12.10.〜延宝 8. 7.	1672-80	1,000	大組組頭
湯浅半右衛門	延宝 6. 9.〜天和 3. 6.	1678-83	1,000	鉄砲頭
梶浦勘介	天和 2. 3.〜貞享 1.10.	1682-84	500	鉄砲頭
山内権左衛門	天和 3. 6.〜貞享 2. 5.	1683-85	700	判形
神図書	貞享 4. 6.〜元禄 2. 8.	1687-89	1,000	鉄砲頭
中村主馬	元禄 2. 8.〜元禄 6. 7.	1689-93	1,500	小仕置
神図書	元禄 6. 7.〜元禄 7. 7.	1693-94		

註）「諸職交替」より作成．石高の単位は石．

務めていることも目立つ。このうち岸家は、岸越中《えっちゅう》・織部父子が大坂の陣のときに船手を務めたと家譜にある（『五音寄』）。やはり池田水軍の一翼を担う家だったのだろう。

延宝五年（一六七七）の船手の構成員を表4に示した。船奉行のもとには、組士《くみし》（平士《ひらざむらい》、組頭《くみがしら》・大頭《おおがしら》・船頭《ふながしら》にわかれる）のほか舟大工・梶取《かんどり》・矢倉《やぐら》者《もの》・下代《したたい》・番所肝煎者《ばんしょきもいりもの》・水手《かこ》（水主、加子）がいた。船頭は現在の船長、梶

表4　延宝5年の岡山藩船手

	人数
組頭	5
大頭	9
組士	10
舟大工	2
梶取	13
矢倉者	15
組頭下代	5
番所肝煎	2
水手	165

註）延宝5年「切米帳」より作成．

取は航海長にあたり、船頭に次ぐ役。矢倉者は足軽《あしがる》格で水主を束ねる小頭、下代は組頭の下働きをする者。番所肝煎は牛窓など船手が管理する番所の責任者。これらの船手役人は二組に分けられ、船奉行が二人のときはそれぞれが一組を担当し、一人のときは両組を担当した。両組とも組士の内二、三人が組頭、四、五人が大頭となった。舟大工以上は士《さむらい》格だが、梶取・矢倉者以下は足軽・小者《こもの》格で、領内の浦々から取り立てられた奉公人である。

船手屋敷・船宮・船入

船手の役人たちの居住区は、城下町南部の上内田町《かみうちだちょう》と二日市町《ふつかいちちょう》の間にあった。そのあたりを船頭町《せんどうちょう》と呼んだ。ここに士格の組士の居宅や加子屋敷（加子の居住する長屋）などが並んでいた。また、その中心には船手の事務所である船手御用屋敷もあった。船頭町の川手には、船作事《ふなさくじ》（建造・修繕）を行う船《ふな》宮《みや》や船手鍛冶場《かじば》が設けられていた。

藩の船を繋留する船入《ふないり》は、初め大川（現旭川）の左岸側の平井村にあったが、延宝元年の洪水によって泥に埋まったため、右岸側の七日市《なのかいち》村の南に移されることになった。翌年四月二九日の評定で六、七月までにはできるようにと家老が指示しているから、この頃には完成しただろう（『評定書』）。図7は享保《きょうほう》一五年（一七三〇）頃の船入の様子を描いたもの。さらに南に下った福島村に川口番所があり、大川を上下する船の乗人や積荷が改められた。敷地内には燈籠堂も設けられていた。

船手の御用

中村主馬が船奉行として勤めた御用（公用業務）は、家譜によれば寛永九年から寛文九年（一六六九）までの三八年間に七六回を数える。内訳は、公儀御用が三二回、他大名の応接・使者が一〇回、参勤御用が三四回である（『五音寄』）。公儀御用は寛永年間に多い。先にも述べたように幕府役人の往来が頻繁で、主馬は岡山藩としての海上御用をたびたび勤めている。朝鮮通信使も、この間に三回来朝しており、その御用も勤めた。なお、通信使のような接待は行われなかったが、琉球国の使節やオラ

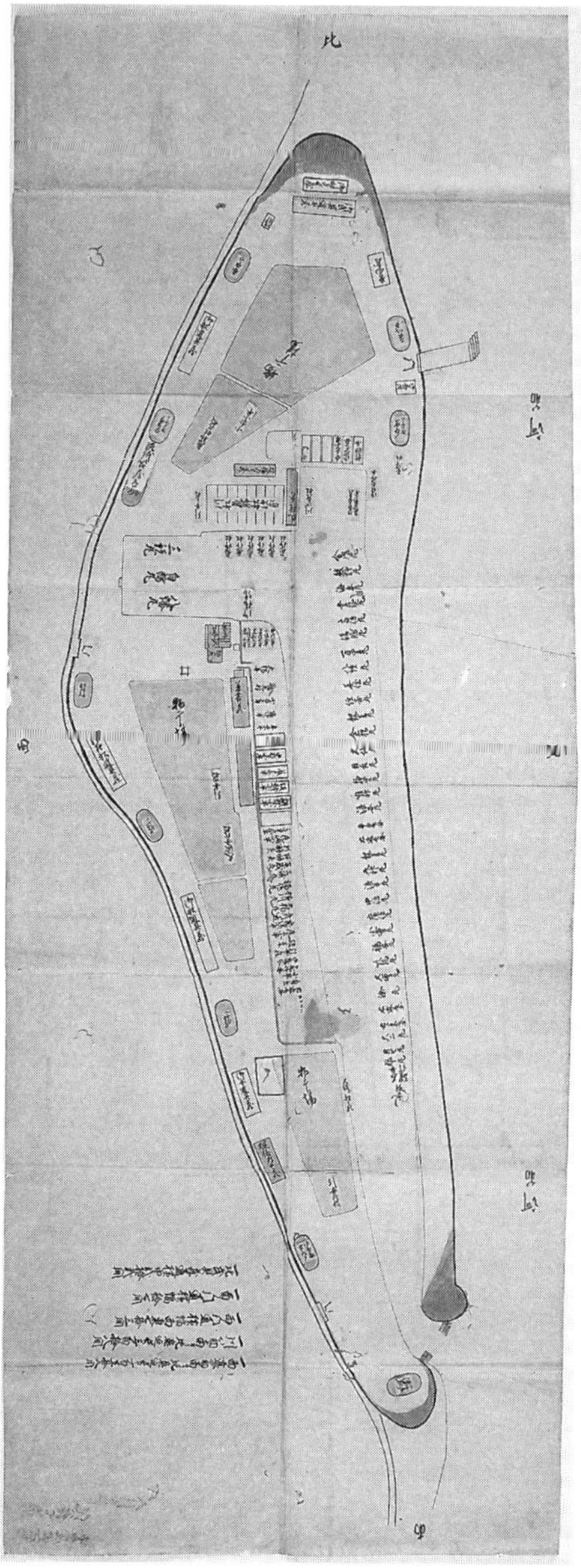

図7　「御船入絵図」（岡山大学附属図書館所蔵）

ンダ商館長なども瀬戸内海を通行して江戸に参府した。

この間に幕府の浦辺《うらべ》巡見使《じゆんけんし》（見分使《けんぶんし》）が四回来ており、その応対にもあたっている。寛永一七・一八・一九年の三回は、ポルトガル船来航禁止後の海防体制の構築に関わるもので、幕府船手頭が二人ずつ三回に分けて九州・四国・中国地方に派遣された。海岸の巡視とともに有事に備えた訓練も兼ねたとみられている〔山本一九八九〕。寛文七年には四代将軍家綱《いえつな》によって関東を除く諸国に派遣されており、陸方は諸国を六区画に分けて三人一組で、海方は二区画を二人一組で廻った〔福田二〇〇〇〕。この時の西国巡見に参加した衣《え》斐玄水《びげんすい》によって中国・四国・九州の海路を描いた図巻「海瀬舟行《かいひんしゆうこう》」が作られている。

大名の接待・送迎も寛永年間に多い。島原天草一揆の際の松倉・日根野の送迎については先にも触れた（16ページ）。備中成羽《なりわ》藩の山崎家治《やまさきいえはる》は、寛永一五年に一揆後の天草富岡《あまくさとみおか》に転封になり、さらに寛永一八年に讃岐丸亀に移される。主馬はその両度とも牛窓で家治の接待にあたっている。中川入山《にゆうざん》の接待も二度勤めている。入山は豊後岡藩の中川久清《ひさきよ》のこと。子の久恒《ひさつね》に光政の女《むすめ》の左阿子《さあこ》が嫁いでいた。その後は姫路などへ使者に遣わされている。

公儀御用が少なくなるにしたがって、藩主光政の参勤をはじめ弟の恒元《つねもと》や嫡男の綱政《つなまさ》など藩主家族の江戸往来の送迎が目立つようになる。その様子を「御留帳御船手」から紹介しよう。

寛文一三年（九月二一日に延宝と改元）二月二八日、前の藩主の光政と生坂《いくさか》分家の輝録《てるとし》が江戸への参勤のため岡山を出船、主馬が供をした。光政は前年の六月一一日に致仕《ちし》し、家督を綱政に譲っている。輝録は光政の三男で、二男の政言《まさこと》とともにそのときに分知を受け、独立した。一行は朝の八時頃に岡山川口を出発したが、午後二時頃から雨が降り出し、その三時頃に大漂《おおたぶ》島に停泊した。二九日は雨だったので午前一〇時頃まで大漂に留まり、その後出発、午後二時頃に播州室津に着く。翌三月朔日は朝八時頃に室津を出船、午後四時頃に兵庫に着船。船内に留まっていたが、夜の一〇時頃から東風が吹き波も高くなったので綱屋《あみや》方に揚がった。綱屋新右衛門が兵庫で岡山藩の御用を勤める問屋・船宿であり、「浜本陣」とも呼ばれた。代々新右衛門もしくは新九郎を名乗っている〔神戸市一九七二〕。

三月二日は風もあり、朝には「そばへ」（通り雨）もあった。そのため光政たちは陸路を京都へ上《のぼ》ることになった。晩まで東風が吹き、午後四時頃から風は収まったが雨が降り出し、一〇時頃に止んだ。三日の朝四時頃に御供《おとも》の家臣を乗せた船一六艘が大坂に向けて出船。夜の間は「まじ」（西南風）であったが、夜の明ける頃には北風になっていた。岡山へ帰る船一六艘は朝六時頃出船、帆を張って走り、明石《あかし》の前で帆を下ろした。風は「あなち」（あなじ・あなぜ、西北風）であった。正午前に二見浦（現明石市）に停泊。午後四

図８　川御座船（「御座船図」岡山大学附属図書館所蔵）

時頃帆を張って再び出発、北風であった。赤穂《あこう》の前で帆を下ろし、四日の午前六時頃牛窓で潮待ち、風なし。一〇時頃牛窓を出船して正午には岡山へ着岸している。このたびは天候に恵まれなかったようだ。

延宝五年は綱政帰国の迎えに六月二七日午後六時頃に岡山を出船、児島の飽浦《あきうら》（現岡山市）に停泊。二八日は午前八時頃同所出船、午後二時頃に小豆島池田湊に着船。同夜八時頃に出船、翌二九日の午後四時頃大坂に着いた。晦日は川御座船《かわござぶね》で淀へ向かい、七月朔日午前一〇時頃伏見に着き、そのまま待機する。川船は船脚《ふなあし》（喫水《きっすい》）が浅い。川御座船は藩主の乗用で、矢倉などが豪華に造られている。朝鮮通信使が淀川を通るときには、幕府に貸し出されることもあった。綱政が七月六日晩に京都を発ち山崎（現大山崎町）で乗船するとの連絡があり、川御座船を山崎に回す。夜一〇時頃乗船、そのまま川を下り、七日朝大坂に着く。幕府の奉行衆に挨拶したのち、直《じき》に川口で八幡丸に乗り替える。潮風とも悪しく、川口にしばらく停泊した。同夜一〇時頃出船、八日の午前一〇時頃播磨国林村（現明石市）前で潮待ちをしたが、ほどなく出船、翌九日未明に岡山川口に着船している。このときの船

表5　天和2年度朝鮮通信使接待に動員された岡山藩の船

船の種類		(艘)
54挺～46挺立	矢倉有	13
46挺～36挺立		13
26挺～10挺立	小早	38
10挺～ 5挺立	小関	36
10挺～ 4挺立	荷船	7
計		107

註）『朝鮮通信使饗応関係資料』上より作成.

奉行は丹羽次郎右衛門一人であった。しかし本人が病気になったため倅《せがれ》の治大夫《じだゆう》が名代《みょうだい》として出役、八幡丸に同乗して御供を勤めている。

岡山藩の御船

藩の御用には藩所有の船が使われた。先にも述べたように、寛永九年に光政が鳥取から岡山に転封になった時、大坂から岡山へ白鷗丸で初入国しているから（『池田光政日記』）、この時すでに藩として船を所持していたことが知られる。当時岡山藩がどれくらいの船を保有していたかはよくわからない。三年後の寛永一二年頃には一二〇艘余を保有していたという（『岡山県史』一九八五）。すでに相当多数の船があったことがわかる。ただし、時期によって増減もあっただろう。

寛文一一年には四〇挺立の船が三〇艘ほどあったが、五〇挺立の船も一〇艘は必要ということで一艘新造することが決められている（『評定書』）。四〇挺立以上が四〇艘程度はあったと考えられそうだ。先に掲げた「御船入絵図」（図7）は享保一五年（一七三〇）頃のものだが、そこには御座船の八幡丸・白鷗丸・三諸丸《みもろまる》および川御座船をはじめ関船・小早・飛脚船・引船・艀《はしけ》など一〇七艘が書き込まれている。金川丸《かながわまる》など船名だけが記された関船は、三艘の御座船以外に三五艘確認される。

朝鮮通信使が通行するときには、一行の案内や連絡などの諸用に多数の藩船が動員された。天和《てんな》二年（一六八二）度に動員された藩船は、表5に示したように計一〇七艘。内訳は明確ではないが、正徳《しょうとく》元年（一七一一）度には一四〇艘、享保四年度には一〇四艘が動員されている〔牛窓町史二〇〇二〕。通信使御用には藩が保有していたほとんどの船が動員されたと思われ、その数からすると藩の船は最大で一四〇艘ほどであったと思われる。

藩の船の中心となる関船は、櫓行も帆走も可能な軍船で、展望所となる矢倉のあるものとないものがあり、矢倉ありの方が大型で格が高い。小早や小関は小型の関船で、ほかに快速の飛脚船や鯨船《くじらぶね》、水深の浅い所でも航行可能な荷船・引船（曳舟）・艀もあった。

幕府や藩の急な御用に間に合うように、下津井湊には専用の一四挺立小早一艘が常駐していた。しかし、経費がかさむうえに御用もあまりないので、評定での議論の末、寛文八年一〇月に廃止することになった。あわせて、幕府御用に備えて牛窓と下津井に置かれていた加子一四人も必要な時に雇うようにしたいと提案されたが、播州室津や備後鞆《とも》には一〇人ずつが詰めており、また急に加子を雇用することも難しいとして引き続き常雇いになっている（『評定書』）。

岡山藩の加子浦

藩の船を同時に運航するためには、藩の抱える加子だけでは足りない。そうしたときには海辺の村々から船乗りを徴発する必要があった。そうした課役を加子役と言い、それを負担する村を加子浦と呼んだ。岡山藩で加子役が設定された経緯はよくわからないが、光政が入封する以前の忠雄時代から定められており、光政もそれを引き継いだのではないかと思われる〔岡山県史一九八五〕。

正徳三年の「定」によれば、三二か村・四一六人六歩《ぶ》の加子浦役のうち、明暦《めいれき》三年（一六五七）以前に設定されていたものが二六か村・三八〇人七歩で、明暦三年に五か村・二五人九歩が増やされ、さらに寛文六年に岡山町・一〇人が追加されたという（『藩法集1・岡山藩』上）。一歩は一〇分の一人。動員の基準となる計算上の数値なので、このような端数《はすう》が計上されている。このうち鹿忍《かしの》・牛窓・尻海《しりみ》・鶴海《つるみ》・日生《ひなせ》・難田《なだ》・片上・浦伊部《うらいんべ》（以上明暦三年以前）、下津井の内長浜・田之浦・吹上・大畠および虫明（以上明暦三年）のあわせて一三か村は、「道行《みちゆき》御用」を勤めるものとされている。これは、藩主の参勤交替、幕府役人や諸大名などの通行に際して藩としての接待に関わる役を務めるもので、明暦三年に増やされた五か村がこの役を指定されているから、この時期に「道行御用」が増加しているのだろう。

加子浦には、「道行御用」のほかに、「廻米《かいまい》御用」（大坂や江戸への藩米の運送）や江戸との藩主家・家中諸家の御用荷物の輸送などが課せられた。こうした御用には定められた賃金が支払われた。また、加子浦には近海での漁場用益権も特権として認められていた〔岡山県史一九八四〕。

なお、朝鮮通信使の通行にあたっては、藩の船のほかに多数の民間の浦船と浦加子が動員された。例えば、天和二年の場合、藩の船に乗り込むための浦加子が二五二五人、五挺立から三挺立までの浦船が九〇五艘とこれに乗り込む加子が三二八四人、それぞれ動員されている〔牛窓町史二〇〇二〕。これだけの船と加子は加子浦だけではまかないきれない。加子浦以外の海辺の村々からも動員されたことは間違いない。

倉敷・塩飽の加子役

岡山藩から話は外れるが、備讃地域の加子役として、備中倉敷と塩飽《しわく》諸島の例を紹介しておこう。

室町時代末期の倉敷は、現在の高梁川《たかはしがわ》河口の湊町で、連島《つらじま》（現倉敷市）と並ぶ物資の集積拠点であった。関ヶ原戦後、小堀正次《こぼりまさつぐ》・政一《まさかず》が国奉行として備中国を支配したが、この頃にも倉敷船が備中国内の物資の輸送に活躍している。この時期倉敷村には一七二筆《ひつ》（区画）の加子屋敷が設定され、その地主が加子役を務めることになっており、代償として屋敷地の年貢負担を免除されていた〔倉敷市史二〇〇〇〕。大坂の陣のときには備中米が倉敷から運ばれているし、島原天草一揆のときには倉敷村および近隣の中島村からあわせて二二六人の加子が大坂・小倉間の通行御用を勤めている〔倉敷市史一九九七〕。しかしその後、倉敷村南部の新田開発が進んだため、倉敷村と瀬戸内水運との直接的なつながりは急速に失われていく。

寛永一九年（一六四二）倉敷村は備中松山藩領を経て、幕府領となる。この時期には幕府代官が備中と大坂を往復するときの加子役を負担した。例えば、寛文元年に代官彦坂平九郎が往復したときには、加子六一人の一三日分の扶持米《ふちまい》（一日一人一升）として米七石九斗三升が支給されたが、実際の加子は請負人のあこや又右衛門・伝法屋甚左衛門を通じて派遣された。二人は大坂の商人と思われる。この請負人に倉敷村が支払った銀は、加子六五人の二九日分の日用銀（一日一人一匁二分）計二貫二六二匁、および増銀《ましぎん》一〇匁であった〔倉敷市史一九九七〕。加子役には実員を提出しなければならない。しかし、当時の倉敷村では加子の役を務められる船乗りを出せなかった。そのため請負人を介して実員を用意するしかなかったのだ。この年の大坂米相場を一石五二匁とすると〔高柳・竹内一九九六〕、支給された扶持米は銀四一二匁三分六厘になる。実際に支払った請負銀の五分の一にもならない。このやり方は、村にとっての大幅な負担増になったのだ。

児島下津井沖に広がる塩飽諸島は、讃岐国に属している。江戸時代には「塩飽七島」と言われ、制度的には幕府の大坂町奉行の支配下にあったが、島内の行政は古くからの有力者層である「人名《にんみょう》」衆による自治が認められていた。すでに豊臣秀吉の時代から公儀の加子役を務め、朝鮮出兵に際しても五七〇余人の加子を出したという。慶長五年（一六〇〇）には塩飽島中に徳川家康から朱印状が与えられ、六五〇人の加子役と引き換えに島中一二五〇石の領有を保障されている（柚木一九七九）。この加子役を負担したのが人名衆である。寛文期に西廻り航路が整備されると、幕府城米《じょうまい》の廻送が塩飽人名衆に命じられ、彼らがそれを加子役として担った。正徳三年の記録によれば、塩飽島中の家数は二〇二六軒、人数一万七二三人、内人名衆は四四八人であった。船数は四七二艘、内一五〇〇石積から二〇〇石積までの大型船が一一二艘、一八〇石積から三石積までの中型・小型船が三六〇艘であった（柚木一九七九）。大型船の比率が他地域と比べて高いのは、城米輸送に特化した塩飽廻船の特徴を示しているだろう。幕府城米の輸送については「江戸時代前期の物流」の章でも述べる（144ページ）。

備前の浦と浦船

西廻り航路が開発された頃、岡山藩領にはどれくらいの民間船があっただろうか。

浦辺船改め

「御留帳御船手」には寛文一三年（一六七三、九月二一日に延宝と改元）の船改めの記録が載っている。それによれば、浦辺四四か村および岡山町に五端帆から二三端帆までの船が三九二艘あり、惣帆数は三二四六端であった。これを積載石数でみると三五石から八〇〇石まで、惣石数は六万二七二一石である。これは前年と比べて、船数で二一艘増、帆数で一三二端増、石数で一七七六石増とあるから、以前から改めが行われていたのだろう。対象となったのは物資の輸送を目的とした廻船で、帆走するものであったため乗組員も極少《ごく》数であった。帆数と石数は大まかには対応しているが、一艘ごとにみれば厳密には対応していない。当時は船の大きさを帆数で表わす方が一般的であったので、本書でも船の大きさは基本的に帆数で示す。なお、莚帆《むしろほ》の場合はよくわからないが、木綿帆《もめんほ》の場合は一端の幅が二尺二寸（約六六㎝）、帆の長さは帆柱の四分の三程度と言われる〔石井一九九五〕。例えば、一〇端帆の船の帆柱の長さは概ね九間四尺（一七・四m）であった〔同前〕から、帆の大きさはタテ一三・一m×ヨコ六・六mくらいになる。

話しを戻そう。寛文一三年と同じ様式の「目録」は延宝五年（一六七七）春まで続く。この間に惣船数は四一六艘になるから、わずかだが増加している。

延宝四年・五年についてでは「浦辺小船改目録」も掲載されており、三端帆・四端帆の小船についても船数がわかる。延宝四年は四端帆二五七艘・三端帆一三八〇艘、延宝五年春は四端帆二一四艘・三端帆一四四一艘であった。延宝四年分には前年からの増減も記されているから、少なくとも延宝三年には改めが行われていただろう。小船の場合も船の総数は漸増傾向である。

船改めは延宝五年までは春に行われていた。それが延宝五年の暮からは夏と暮の二回行われるようになる。あわせて小船は二端帆まで、その他、猟船《りょうせん》（漁船）や平田船《ひらたぶね》についても改められるようになった。また、五端帆以上についても端帆ごとの船数が「目録」に記されるようになる。これらの措置は、民間船から運上《うんじょう》（一種の営業税）を取り立てるためであった。船運上についてはのちに述べる。延宝五年暮以降の状況について細かな内訳を表6に示した。なお、平田船は平底の船で、主に川船や荷船として使用された。

船改めの数字を見てみると、延宝年間を通じて民間船の数はほぼ三〇〇〇艘余りで推移しており、極端な増減はなかった。ただし、少し細かく見ると、五端帆以上の廻船は漸増傾向にあり、逆に四端帆以下の小船や小猟船はやや減少傾向にある。また、五端帆以上の廻船を持つ村は四〇か村余りおよび岡山町だが、四端帆以下の小船や小猟船・平田船を持つ村を加えると一二〇か村余りになる。寛文四年の領《りょう》知《ち》朱印状《しゅいんじょう》（『寛文朱印留』）によれば、岡山藩領には備前・備中両国で六七〇か村があったから、約一八%が船を持つ海辺村（一部川辺村を含む）であったことになる。

延宝8年夏	延宝8年暮
4	4
11	13
15	15
5	3
10	11
12	13
16	16
16	15
14	13
14	13
11	11
15	9
39	39
58	55
80	80
174	173
494	483
290	289
1,066	1,042
681	679
2,037	2,010
449	444
58	56
3,038	2,993
12	12
6	6
117村・当町	116村・当町

表6　岡山藩領内民間船の数と種類（1677-80）

	延宝5年暮	延宝6年夏	延宝6年暮	延宝7年夏	延宝7年暮
22端帆	1	1			
20端帆	5	5	5	4	4
19端帆	8	8	8	7	9
18端帆	10	11	12	14	14
17端帆	10	10	9	7	7
16端帆	8	8	9	9	10
15端帆	7	8	12	11	11
14端帆	6	7	12	15	16
13端帆	9	11	13	15	16
12端帆	11	12	11	13	13
11端帆	9	11	10	13	15
10端帆	12	11	12	13	12
9端帆	15	16	18	17	15
8端帆	36	37	33	35	36
7端帆	62	64	62	61	60
6端帆	87	81	79	78	81
5端帆	173	173	176	176	171
小計	469	474	481	488	490
4端帆	330	327	320	311	294
3端帆	1,111	1,215	1,124	1,101	1,061
2端帆	663	674	683	674	673
小計	2,104	2,216	2,127	2,086	2,028
小猟船	452	475	466	472	456
平田船	36	36	35	54	59
総船数	3,061	3,201	3,109	3,100	3,033
御免船	8	9	12	12	12
破損船	12	2	8	12	
郡屋船	6	6	6	5	6
所属	123村・当町	125村・当町	126村・当町	122村・当町	117村・当町

註）『御留帳御船手』上・下より作成．単位は艘．

船年寄・船組頭・船主・船頭

船の持ち主は船主《ふなぬし》もしくは船頭《せんどう》と呼ばれた。実際に海上で船を操作する船長も船頭と呼ばれたから、両者を区別するために、船主を居船頭《いせんどう》、船長を沖船頭《おきせんどう》と呼ぶこともあった。もちろん船長自身が船主である場合もあった。

船持《ふなもち》たちは同業集団として船持中間《なかま》を構成しており、この船持中間と船手との間を取り持ち、民間船の監督にあたる役が船年寄《ふなどしより》であった。寛文八年七月一〇日の評定で次のような議論が行われている。このときまでの年寄役は船持中間からも重んじられた役職ではなく、船持たちの管理もしっかりとはできていなかった。そこで船手の船頭《ふながしら》たちに然るべき者を見立てるよう命じ、他方、船持にも望みの者があるかと申し付けたところ、船手船頭は木屋与一兵衛の名をあげ、船持中間は郡屋吉兵衛を望んだ。この二人はいずれも「身をも持ちたる者」（身代《しんだい》の確かな者）だというが、船手と船持の双方から推薦させている点に、船年寄の性格がうかがえる。木屋は材木商で津山藩の蔵本《くらもと》なども務めているという。蔵本は藩の蔵と蔵米《くらまい》を管理する商人。津山藩の蔵本についてはのちに触れる（55ページ）。郡屋は酒屋も営んでいた。これまでの年寄役は藩から課せられる船役《ふなやく》を免除され、船持から銀一〇〇匁ずつが給されていた。しかし、新しく任命される船年寄はこの程度の待遇では商売の迷惑だろうということで、町役《まちやく》・船役・地子《ちし》免除の上、三人扶持を遣わしてはどうかという議論であった（『評定書』）。地子は町内の屋敷地に掛かる税、町役は町の運営費の分担金のこと。後日船奉行が両人に伝えたところ、町方や船持の迷惑になるので、町役・船役・地子の免除は不要との意向であった。八月二一日の評定で再びこのことが議論され、実際に役を務めてみなければわからないことだから、当面は町役・船役・地子免除で申し付けることに決定した（同前）。こうして木屋と郡屋の両人が改めて船年寄を仰せ付けられることになった。これを本格的な船年寄の設置と考えてよいだろう。

その後、寛文一〇年一二月七日までは、両人が船手関係の書類に署名していることが確認できるが、寛文一三年二月一二日付けの書類は郡屋のみの署名で、以後も木屋の名前は見られない。詳しくはわからないが、この間に木屋は船年寄の役から離れたと思われる。

郡屋は、屋号からすれば児島郡郡村（現岡山市）の出身と思われ、もともと有力な船持であったようだ。船運上が掛けられるようになると船年寄の船は運上免除となるから、その期間については郡屋の持ち船がわかる。それを表7にまとめた。持ち船の総数は変わらないが、一艘の規模が大型化し、帆の端数は一・五倍に、積載石数は二倍以上になっている。船年寄を務めることで、廻船主として急成長していると見て取れる。

延宝五年九月二六日、郡屋は船年寄御免《ごめん》の願いを船奉行に提出している（『評定書』）。近年は年をとり病気もあるうえに、今年は大分の損銀も出て「身躰《しんてい》迷惑」、つまり家計が成り立たなくなっている。去年も願い出たところだが、一〇年も公用を勤めてきたので、役儀御免にして欲しい、というのだ。これに対して評定では、船年寄役をよく務め、末々の船持たちも吉兵衛を差し替えないようにと内々に申しているので、慰留すべきだという意見が強かった。四、五年前に御米一〇俵を下されたこともあったが、今回は五人扶持程度を与えてはどうかという意見も出た。しかし、財政再建のために「七年簡略《かんりやく》」（七年間の緊縮財政策）の実施を決めたばかりであったから〔倉地二〇一九〕、如何《いかが》なものかという意見もあり、当座として町銀《まちぎん》（町会所の財源）から七、八貫目を借し付ける案でまとまった。翌朝家老から藩主の綱政に伺ったところ、町銀八貫目を借すようにとのことであった。郡屋の経営の実際はわからないが、その後の郡屋の成長を考えると、その背景にはこうした藩の援助があったことも間違いないだろう。

延宝8年夏	延宝8年暮
1	1
1	1
1	1
1	1
1	1
1	1
6	6
67	67
1,550	1,550

天和二年一二月、郡屋吉兵衛は再び船年寄の御免を願い出た。左眼がつぶれ、右眼も痛んだため役儀を勤めがたい。気疲れが原因だという。しかし、これまでの勤め方もよく、余人をもっては代えがたいとして、とりあえず続けるよう命じられた。吉兵衛は翌年八月

表7　郡屋吉兵衛の持ち船（1677-80）

	延宝5年暮	延宝6年夏	延宝6年暮	延宝7年夏	延宝7年暮
16端帆　500石					1
15端帆　400石				1	1
13端帆　280石					1
12端帆　250石	1	1	1	1	1
9端帆　170石	1	1	1	1	
8端帆　140石	1	1	1		
6端帆　70石			1	1	1
5端帆　50石	3	3	2	1	1
計	6	6	6	5	6
（帆数）	44	44	45	47	67
（石数）	710	710	730	940	1,550

註）『御留帳御船手』上・下より作成．数字の単位は艘，（帆数）の単位は端帆，石数の単位は石．

にも御免を願い出たが、やはり今少し勤めるよう仰せ付けられ、「町大年寄並《まちおおどしよりなみ》」に取り立てられて御目見《おめみえ》が許されている（『評定書』）。船手と船持の双方から信頼が篤かったのだろう。

　木屋・郡屋両人が船年寄に任命される以前には、年寄役のもとに「船組頭」が六人いた。ただし、この者に手当は遣わされていなかった。船持中間《なかま》内部の肝煎役（世話役）であったと思われる。しかし、彼らが方々《ほうぼう》に出掛けているときには御用の手支《てづか》えにもなるということで、新たに船組頭二名を設け、それぞれに銀二〇〇匁ずつを船持中間から遣わすことにした（『評定書』）。この銀は中間からの合《ごう》力《りき》（自主的な援助）というタテマエであった。船年寄が設定された翌年の寛文九年秋に、岡山町の忠右衛門が中間の推挙によって船組頭になっている。

忠右衛門は八端帆の船一艘を持ち、これに乗って大坂や紀州へ上下する船主であった。ところが、組頭になったために自分は船に乗って岡山を離れることができないので、沖船頭を雇って方々へ遣わしているという。大坂までの船頭を雇うと賃銀が二〇匁かかるので、中間から合力される二〇〇匁ではとても足りない。そのため「身躰」が成り立たず、組頭御免をたびたび願い出ていた。忠右衛門は藩に対しても下々《しもじも》に対しても情を入れて勤めており、中間内では彼に代わる者は居ないというのが船年寄両人の意見であった。「情を入れる」というのは、一所懸命にするということ。そのため、以後は忠右衛門に中間から銀二三〇匁を合力することになった。寛文一〇年一二月のことである（同前）。

延宝三年二月八日、忠右衛門は「惣船持代組頭」の肩書きで次のような口上書《こうじょうしょ》を差し出した。口上書は内々の意見や願いを書き付けたもの。それによれば、「当年は米が高値で船持たちは迷惑している。大坂までの商人荷物の運賃は積荷一石につき銀二匁二分《ふん》の定めだが、米が高値の間はこれを少し上げてもらいたい。米が安くなれば元に戻す」というのだ。この口上書に船年寄の郡屋吉兵衛が奥書《おくがき》して船手役所に提出した。それが船奉行の丹羽次郎右衛門によって家老の日置猪右衛門《ひきいえもん》に示され、家老の判断にしたがって「一石につき運賃銀二分《ふん》増し、米相場が一石六〇匁に下がれば元に戻す」ということになった。組頭が果たしている役割と位置とがよくわかる事例だろう。なお、「船組頭　忠右衛門」の名前は、「御留帳御船手」がある貞享三年（一六八六）の四月七日まで船手関係の書類に確認できる。その後もしばらくは船組頭を務めたことだろう。

船運上

領内のさまざまな営業に課税する運上銀は、岡山藩でも以前から行われていた。延宝五年、岡山藩では深刻な財政難から抜け出すために「財政再建計画」が作成されているが〔倉地二〇一九〕、その柱の一つが新規運上の賦課による増収であった。新規に賦課されることになったのは、「廻船」、「川筋猟船」、「白粉《おしろい》木綿実《きわたざね》座」、「魚鳥請代并肴・畳表・塩・薪問屋」、の四項目だ。計画では、新規分を含めて一年間に銀五〇〇貫目を徴収する目論見《もくろみ》であった。実際に延宝五年から天和二年（一六八二）までに徴収された銀額を表8に示した。最初の年は新規分が半年分上納であったために少ないが、翌年からは年間分を取り立てるようになり増加する。それでも運上銀の総額は年間一〇〇貫目前後であり、目標の五〇〇貫目にはほど遠い。その中で船運上は半分以上を占めており、重要な財源であったことがわかる。

表8　岡山藩における運上銀（1677-82）

年代	運上合計(a)	うち廻船運上(b)	b/a(%)
延宝 5年	64貫326匁	25貫752匁	40.0
延宝 6年	99貫757匁	52貫601匁	52.7
延宝 7年	101貫110匁	52貫898匁	52.3
延宝 8年	98貫583匁	52貫903匁	53.7
天和 1年	43貫774匁	−	−
天和 2年	38貫540匁	−	−

註）「巳之暮ゟ戌之暮運上銀上納覚」より作成.

船運上は四つの区分で徴収された。①五端以上が帆一端につき銀二匁五分宛、②二端から四端までは同じく帆一端につき銀二匁五分宛、③小猟船は一艘につき銀三匁五分宛、④平田船が一艘につき銀二匁五分宛、の四区分である。最初の徴収となった延宝五年暮の場合、区分ごとの運上額は、①九貫一三二匁五分（三五・五％）、②一四貫九四七匁五分（五八・〇％）、③一貫五八二匁（六・一％）、④九〇目（〇・三％）、である。先に掲げた表6からもわかるように廻船の中で数が最も多いのが、四端帆から二端帆までの小型船であり、その区分の運上額②が全体の半分以上を占めていた。船年寄の郡屋吉兵衛の持ち船が運上を免除されていたことは先にも触れたが、その他に御用を勤める押送《おしおくり》船や通《かよい》船・渡《わたし》船・番船も運上免除であった。押送船は櫓行する快速の荷船、通船・渡船・番船は主に近距離のヒトの輸送用である。

この船運上は、表8からもうかがえるように天和元年に停止される。三月二八日の評定で江戸の綱政からの指示としてその旨が伝えられた。前々年から続く洪水・飢饉によって領民の疲弊が進んでいた〔倉地二〇一九〕。それは船持も例外ではなかった。ただし、運上銀免除は認めるが、運賃の一割増しは認めないと家老の日置左門は釘を差している。船持たちは、運上銀免除と運賃値上げの両方を願い出ていたのだろう。積荷一石につき銀二匁二分の定めであったから、一割増しだと二分二厘増しになる。ところが、四月一〇日の評定で再び「惣船持代組頭　忠右衛門」の口上書が審議されている。それによれば、船持たちは米高値のため困窮しており、先日の家老の申し渡しにもかかわらず、改めて商人荷物運賃の一石につき銀一分増しを願ったのだ。五年前の銀二分増しや一割増し（銀二分二厘増し）よりも要求は引き下げられている。「藩や家中の荷物は従来通りとし、米の値段が下がれば商人荷物の運賃も元に戻す」とも述べている。評定では近年の運賃の状況が報告され、運賃銀一分増しが認められた。

運賃増しの方はほどなく元に戻されたと思われる。他方、運上のほうは貞享元年に船奉行山内権左衛門から復活の提案がなされているが（「評定書」）、再開は確かめられない。しばらくは停止のままであったと思われる。ただし、時期は確定できないものの元禄年代後期までには再開されているようだ〔谷口一九六四〕。

船の売買

運上との関係もあるのだろう。民間の船を届け出なしに売買した場合に、咎《とが》められている例がある。

延宝五年のことだ。北浦村の久七は六端帆の船を所持していたが、大坂でふとよい買い手があったので売り払ってしまった。かねてから「御法」の趣は知っていたが、大分借銀があったので、この買い手を逃してはいけないと思い、断りもなく売った、と弁解している。これを聞いた庄屋与右衛門は驚いて、代わりに小船なりとも買い調えさせようとしたが、久七は自力ではどうにもできなかった。与右衛門はやむなく事情を船手に報告し、処罰されないように願い出た。これが小仕置《こしおき》を通じて仕置家老《しおきがろう》に伝えられ、「御法」に背いたとして「庄屋預け追込《おいこみ》」（身柄を庄屋に預け村からの出入りを禁止する刑罰）に処された。仕置家老は家老の内で直接政務を担当する者。小仕置は各役職の頭と仕置家老との間を取り次ぐ役。無届けで船を売買するのは禁止というのが「御法」であったのだ。ただし、一〇日ほどのちには、郡奉行の取りなしで久七の「追込」は許されている。

次の事例は船持の実態がわかる興味深いものなので、少し長くなるが紹介してみよう。同じ延宝五年のことだ。岡山内田町の八兵衛が大坂で八端帆の船一艘を買い、岡山に下ってきた。しかし八兵衛は船年寄の吉兵衛に断りもせずにふと思い付いて大坂で船を買ったので、そのまま岡山に乗り入れたのでは吉兵衛に対して「慮外《りよがい》」（無礼）だと思い、吉兵衛に断りを入れるまでの間、北浦村に置いてくれるよう頼んだ。八兵衛はもともと北浦村の生まれで、兄弟も村に住んでいるので、庄屋の与右衛門はしばらく湊に船を置くことを認めた。しかし、その後は連絡がないので、岡山の様子を尋ねてみると、「岡山船」としては認められないという話しであった。与右衛門は、約束が違うので船を湊から出すよう申し付けたが、八兵衛は従わなかった。埒《らち》が明かないので与右衛門は船手に八兵衛を訴えた。そのため事が表に出たのだ。八兵衛は船手によって取り調べられ口上書を取られた。

この場合の口上書は、犯罪の取り調べに際して作られる口述書である。それによって成り行きがかなりわかる。

八兵衛は二〇年ほど前に北浦村から岡山へ出て、初めは堺町の借家に住み、三、四年の間、米・荒物《あらもの》（雑貨類）の商内《あきない》をした。その後内田町の借家に移り、二、三年同じ商内をした。次いで同町内に家を買って米屋を始めている。しかし、七、八年前に身躰が成り立たなくなり、町の目代《もくだい》（町の責任者、村の名主にあたる）に断って阿波《あわ》国へ渡り、北浦村の兄弟や伯父などと猟をしたり、ときには商内もし、国許へも一年に二、三回は帰っていた。商内は兄弟の船や郡村・八浜村の知り合いの船を借りて、備後の鞆や尾道《おのみち》、上方《かみがた》などへ出掛けていた。大坂では、思案橋筋の池田屋を通じて博労《ばくろう》（牛馬の仲買商人）を頼り、土佐国利右衛門の船を代銀一貫二〇〇匁で買ったという。ところが、この銀を八兵衛は兄弟から借りたと主張したが、兄弟は借していないと言う。船手でもどちらが正しいか取り調べたが、結局わからずじまいであった。そんな不確かな者を船持中間に入れることはできないと、船手も船年寄も結論付けている。

船の売買や所持については、船持中間による規制が働いていたことがわかる。船年寄の許可を得て、それを船手に届け出ることで船の売買・所持が認められるというのが藩の「御法」であったのだ。

湊を持たない藩の船と蔵本

内陸に領地を持つ藩であっても、自由に使える船があると通行や輸送には便がよい。船には湊が必要だ。だから、例えば備中成羽《なりわ》藩は連島《つらじま》（現倉敷市）を領地として与えられていたし、備中松山藩は玉島《たましま》（同前）に飛び地を与えられていた。倉敷も寛永期には松山藩の領地であり、外港としての役割が期待されていた。

しかし、すべての内陸藩がこうした飛び地を持ち得たわけではない。ここでは、美作《みまさか》国津山藩の例を紹介してみよう。江戸時代前期の津山藩は、外様大名の森家が藩主であった。慶長八年（一六〇三）に森忠政《ただまさ》が美作一国一八万六五〇〇石を与えられて入封する。忠政は初め院庄《いんのしょう》（現津山市）に、しばらくして津山に城を築く。津山城からは吉井《よしい》川を通じて児島湾に至り、そこから瀬戸内海に出られるが、海辺の飛び地は与えられなかった。

そのため、藩の持ち船の置き場に苦労した。

津山藩の船置場

いくつかの史料を合わせて考えてみると、津山藩の持ち船は、岡山藩から借地して、上道郡金岡《じようとうぐんかなおか》（現岡山市）と和気郡浦伊部《わけぐんうらいんべ》（現備前市）に置かれていたようだ。いつ頃からのことかはわからないが、遅くとも寛永期後半までには船置場を確保していたと思われる。吉井川では中世から「高瀬船《たかせぶね》」による水運が盛んであった。高瀬船の呼称は、京都の高瀬川で使われた川船を指すものだが、その川船はもともとは備前から移されたものであった〔岡山県史一九九二〕。金岡は吉井川の河口にある。浦伊部も中世以来の湊町で、吉井川を下って和気（現和気町）まで運ばれた貨物が和気からは陸路で運ばれた。和気は片上道と吉井川が交わる川湊である。

寛文八年（一六六八）一一月一〇日の評定で、和気郡福浦村入田《ふくらむらにゆうた》（現赤穂市）に津山藩の船置場を設ける件が議論されている（『評定書』）。それによれば、「先年」津山藩から西大寺《さいだいじ》（現岡山市）の船置場を借して欲しいとの要請があった。岡山藩ではこれに難色を示したところ、代わりに入田の地を望んできた。岡山藩はこれを認め、その後入田での普請《ふしん》も進んでいたのだが、入田は藩境でもあるので、防備の面で好ましくないという意見が評定に出されたのだ。これを受けて替え地の検討も行われたようだが、当面は入田が使われることになった。

しかし、入田は遠方の僻地《へきち》であるため、やはり使い勝手がよくなかったのだろう。延宝三年（一六七五）春に津山藩から再び西大寺に船置場を借して欲しいとの願いが出され、それが五月二一日の評定に掛けられている（同前）。評定では、西大寺は藩主の御茶屋所であり、城下にも近く御留場《おとめば》の内である、他藩の扶持人が多く住居するようになっては面倒が多い、という理由で断ることになった。御茶屋所は藩主の休憩所が設けられる場所、御留場は藩主以外の鉄砲使用が禁止されている区域、扶持人は領主から給料を与えられている商人や職人などのこと。すでに浦伊部・入田・金岡にも「作州者《さくしゅうもの》」（美作国に本籍がある者）が多く居て、キリシタン改めなど治安上も宜しくないという意見もあったようだ。

ところが延宝七年一〇月に、みたび乗用船二艘の船置場を西大寺に借して欲しいという願いが津山藩から出される。しかも今度は藩主森伯耆守《ほうきのかみ》（長武《ながたけ》）直々《じきじき》の依頼であった。この時の史料を見ていると、その時点で「金岡・浦伊部・片上」に荷船置場があるというから、延宝三年から同七年の間に入田の船置場が片上（現備前市）に替えられたのだろう。片上も中世以来の湊町で、入田よりはよほど便利だ。そのうえでなお、津山藩は西大寺を願い出てきたのだ。これも岡山藩は拒絶する。キリシタン改めなど治安上の理由の他、大型の関船が繋留されると所の船が迷惑し、洪水の時などにも土手や波戸《はと》（防波堤）が痛むというのだ。伯耆守は「御縁者だから是非に」と頼んだようだ。祖父の森忠政の室が光政の曽祖父《そうそふ》である池田恒興《つねおき》の女《むすめ》であることなどを指すのだろう。岡山藩では「御国は互いに預かりものであるから、もし所替えなどがあった時、のちのちまでも例になるようなことは好ましくない」と、私的な「縁」より公儀の論理を楯にして断っている。領知は将軍からの預かり物というのが公儀のタテマエであった。結局津山藩の執拗な希望にもかかわらず、西大寺の船置場は実現しなかった。

『森家先代実録《もりけせんだいじつろく》』に津山藩の持ち船についての記載がある〔岡山県史一九八二〕。それによれば、日吉丸《ひよしまる》四〇丁一艘、芳野丸《よしのまる》三〇丁一艘、大黒丸《だいこくまる》一三〇石積荷船一艘、小早二艘、青船《あおぶね》一艘、計六艘が片上にあり、他に二艘が金岡に置かれていた。青船は小型の荷船で青《あお》艘船《そうぶね》ともいう。大坂には、御召船青竜丸《せいりゅうまる》一艘、召替《めしかえ》（御召船の代替船）一艘、水船《みずぶね》二艘があった。水船は海上での水の補給に使われる船。他に薬師丸《やくしまる》と観音丸《かんのんまる》は「只今は無し」と記されている。この二艘も乗用船で、延宝七年の依頼で岡山藩内の船置場におくことが想定されていたものだと思われる。

津山藩の蔵本

津山藩のような内陸の藩が湊を必要としたのは、藩米を大坂や江戸に廻送することと関連するのだろう。だから湊には蔵とそれを管理する蔵本が必要になる。他領の土地を借りて蔵を設けることになれば、蔵本は地元の商人に頼まざるを得ない。延宝五年に津山藩の蔵米輸送をめぐる出入《でいり》（紛争）が起きている。詳しい内容は「江戸時代前期の物流」の章で述べるが（206ページ）、その時の史料から津山藩の蔵本が岡山藩内に置かれたおよその経緯がわかる。

津山藩米は、初めは川船で吉井川を西大寺まで積み下されていたようだ。しかし、蔵本も船持もともに扱いがよくないということで取り上げになり、以後は片上と播州赤穂の久《く》崎《ざき》に下されるようになった。島原天草一揆（一六三七〜三八年）の一八、九年以前というから慶長末年のことだろう。そののち島原大草一揆のとき、津山藩には自前の手船がなくて何かと差し支えがあったため、金岡で小早・荷船あわせて六、七艘を造らせることがあった。その際に金岡村庄屋夫兵衛と津山藩舟奉行の鷲《す》見《み》伊右衛門が相談の上、河口まで川船を使うのが便利だということになり、夫兵衛ら三人が蔵本を願い出た。津山藩では以前のこともあるので異論もあったが、鷲見が夫兵衛らの「慥《たし》かなる様子」を保証したので、取りあえず試しに、赤穂へ遣わしていた藩米のうち美作東部の吉野郡分三〇〇〇石を扱わせることにした。以後三八、九年にわたって金岡村庄屋次右衛門（夫兵衛子）・同年寄善兵衛・西大寺村孫兵衛の三人が金岡蔵本を務めていた。

他方、「二〇年ほど前」というから万治元年（一六五八）頃だろうか、津山藩舟奉行浅尾多兵衛の指示で、西大寺村の伊勢屋七郎兵衛と肥後屋市郎兵衛が新たに西大寺蔵本に命じられた。それまで務めていた片上の蔵本の勤め方が悪くて、蔵本役を取り上げられたためであった。ただし貞享二年（一六八五）の「御留帳御船手」の記事では片上村の六郎左衛門と弥三左衛門が邑久《おく》郡乙子《おとご》（現岡山市）で蔵本を務めていることがわかるから、後に片上村蔵本が復活し、乙子からの積み出しを行うことになったようだ。

以上のような経緯によって金岡・西大寺の五軒が蔵本を務めることになり、津山藩の廻米は吉井川の川口まで運ばれることになった。乙子も吉井川の河口部左岸にある。寛文・延宝期に津山藩が西大寺に船置場を願ったのは、そうした背景もあったのだろう。

金岡・西大寺の蔵本には、吉井川を下って来た藩米を自分の持ち船に優先的に積ませる特権があり、それで積み残った米を所の他の船持に積ませた。ただしその際には、米一〇〇石に付き二斗七升五合の「方米《かたまい》」（手数料）を蔵本に納めさせている。

他方、岡山川（現旭川）を積み下る津山藩米を扱う蔵本は岡山に置かれていた。船年寄を命じられたこともある木屋与一兵衛である。岡山では、下り米があると蔵本から船年寄の郡屋吉兵衛に連絡があり、吉兵衛が所の船に順番で積ませ、余りがあれば吉兵衛か船組頭忠右衛門の船に積み、それでも余りが出れば、近くの浦辺の船を呼んで積ませることになっていた。藩米を積む時の「方米」は一〇〇石につき二斗の定めであった。金岡・西大寺より少ない。逆に言えば、金岡・西大寺の蔵本が積荷の優先権を持つことを含めて、より特権的な存在であったことを示しているだろう。

津山藩の他にも岡山藩領には備中足守《あしもり》藩・庭瀬《にわせ》藩の預け船が、児島郡の北浦村・郡村・小串《こぐし》村（現岡山市）に計七艘置かれていた。

足守藩・庭瀬藩の預け船

足守藩は、豊臣秀吉の正室北政所《きたのまんどころ》（おね）の兄木下家定《いえさだ》が備中国賀陽《かや》郡・上房《じょうぼう》郡の内に二万五〇〇〇石の領地を与えられたことに始まる。家定が亡くなると領地は一旦没収されるが、大坂の陣後に家定二男の利房《としふさ》に遺領の相続が認められ、以後廃藩まで約二五〇年間木下家が足守藩主を務めた。陣屋の置かれた足守（現岡山市）は児島湾に注ぐ足守川の上流部で、その領地に海に面した村は含まれていなかった。

庭瀬藩は、関ヶ原戦後に戸川逵安《みちやす》が都宇《つう》郡・窪屋《くぼや》郡の内に二万九〇〇〇石の領地を与えられたことに始まる。逵安はもと宇喜多秀家《うきたひでいえ》の重臣であったが、関ヶ原合戦以前に主家を離れ、関ヶ原では家康に組した。その戦功により庭瀬藩主となった。その後戸川家は代替わりごとに分家を繰り返した。その結果、妹尾《せのお》（現岡山市）・早島《はやしま》（現早島町）・帯江《おびえ》（現倉敷市）などに一族の旗本知行所が生まれ、四代目の安風《やすかぜ》が相続した延宝三年には領地は二万石になっていた。陣屋の置かれた庭瀬（現岡山市）は足守川の川口にあり、中世までは瀬戸内航路につながる湊があったが、江戸時代には干潟化が進み、小さな川船が入るのがやっとであった。

両藩の預け船は自前の持ち船ではなく、民間の商船を借り上げて藩の御用に優先的に使用するものであった。だから藩の御用のないときには船主が自分の商用で使った。ただし御用のとき優先的に使うかわりに、船が破損して修繕するときには藩が費用を借し付ける約束であった。延宝四年一二月二八日の評定でこの預け船のことが問題になっている。内容は次のようなことであった。

北浦村の市郎右衛門の船が金沢藩の大坂廻米を積み込むために能登《のと》に出掛け、あふや浦（安部屋《あぶや》、現志賀町）で破損した。金沢藩の廻米を請け負ったのだから、全くの私用だ。ところが、市郎右衛門は「足守浦」の者と名乗り、そのように書かれた浦手形を持ち帰った。岡山藩の船奉行が問い糺してみると、常日頃も足守藩の船印を立てているという。しかしこれでは岡山藩の船と領民が他領のもののようになり、不都合だ。しかも何かあった時には岡山藩の不手際が責められるのだから、日頃から岡山藩の船であることを自覚させなければならない。岡山藩では両藩と交渉し、御用で使うのは構わないが、船印は岡山藩ものを立てさせることを認めさせた。また、岡山藩領内の船である以上、岡山藩の御用を命じることがあることも釘を差している。自前の持ち船ではなく、預け船である以上仕方のないことであった。

両藩が自前の持ち船でなく預け船としなければならなかったのは、財政上の事情もあるだろうが、持ち船であれば船置場を確保しなければならないという面倒もあっただろう。

それが困難なことは津山藩の例で見た通りだ。

なお、足守藩の預け船であった郡村小太郎船が漂流した事件については「海難事故と救助」の章で述べる（128ページ）。

児島郡にあった幕府領の蔵本

児島郡浦田《うらた》村（現倉敷市）は児島郡の北西部に位置し、備中国に接している。天和二年（一六八二）にこの浦田村に置かれていた幕府領の蔵本の存在が岡山藩の評定で問題になっている（「評定書」）。

二〇年前と言うから承応《じようおう》二年（一六五三）頃のことだ。浦田村柏右衛門が備中松山（現高梁）の者を頼って、松山から大川（現高梁川）を下ってくる荷物を扱うために蔵を設け、松山荷物の問屋を務めるようになった。その頃は浦田村は船着きがよかったので、自然と幕府領の荷物も扱うようになり、幕府領の蔵本となった。しかし、その後に柏右衛門の蔵本役は召し上げられ、幕府領中島村の安右衛門に蔵本が仰せ付けられた。そのため二〇年以前（寛文三年頃）に柏右衛門は田地・家屋敷を幕府領安江《やすえ》村の又右衛門に売り払った。しかし柏右衛門の屋敷は元は天城《あまき》（現倉敷市）に陣屋のあった岡山藩家老池田出羽《でわ》の材木・薪揚げ場があった場所なので、他領者には売らせないということで、岡山藩備中領分渋江《しぶえ》村の九右衛門の買い分とし、九右衛門が一、二年は住んだが、その後は又右衛門の名義で浦田村の名歳帳《なとしちよう》に載せられた。名歳帳は岡山藩で作られていた一種の村の戸籍簿。

実は中島村の安右衛門は又右衛門の世倅《よせがれ》（跡取り息子）であった。ところが、六、七年前と言うから延宝四、五年になる。安右衛門はその年の洪水で家を流されたので、父又右衛門の所に身を寄せ、浦田村で蔵本役を続けていたのだ。しかも五、六年前には、児島郡郡村の惣十郎という船頭を呼び寄せ、浦田村の船持には荷物を積ませず、惣十郎ばかりに積ませるようになった。そのため浦田村の船持が迷惑し、惣十郎を郡村に戻し安右衛門も元村に引っ越させるように郡奉行に訴えたのだ。この紛争の結果はよくわからないが、浦田村の川向かい備中連島に幕府の御蔵があったので、安右衛門は連島に家を建てて移り、惣十郎の船は浦田村に置き続けることにしたようだ。無届けの蔵本と見なされ、存続が認められなかったのだろう。備中と備前の境目地帯は人の行き来も盛んで、海上交通に関わる施設や役割も錯綜して存在していたのだ。

海難事故と救助

海難救助の仕組み

江戸時代の船は木造であった。気象の予想も船乗りの経験に頼ったものであったので、急に海が荒れたりすると、海難事故を避けるのは難しかった。そのため、海難救助の体制を整えることは、交通環境の整備とともに、幕府や領主に課せられた重要な役割であった。海上交通の発展にともなって海難事故も増加し、海難救助の役割も大きくなる。ここでは、その様子を見ることにしよう。

江戸初期の幕府法令

戦国時代には、海の領主たちがその権益を守るために「海賊」行為に及ぶことも少なくなかった。そのため「天下統一」を目指す豊臣秀吉は、「海賊停止《ちょうじ》」を命じて海上交通の安全をはかった〔藤木一九八五〕。大坂の陣が終わり「天下統一」が実現すると、海上交通も次第に活発になり、徳川幕府はその把握に乗り出す。そのことを示す最初の法令が、元和七年（一六二一）八月の「定《さだめ》」である（『徳川禁令考』前集六）。内容は次の三か条。

(1)西国諸大名の船が難破したとき、積荷を掠《かす》め取ってはならない。

(2)売買の船が難風に遭ったときには、助け船を出すこと。

(3)廻船破損の現場に武家に仕える者が立ち合ってはならない。浦々の者が「廻船の作《さ》法《ほう》」に従って処理すること。

三条めに「廻船の作法」とあるものは、いわゆる「廻船式目《しきもく》」などのことを指しているという。これは諸国廻船の間で慣行となっていた事柄をまとめたもので、室町時代から戦国期に掛けて成立したと考えられている〔金指一九六八〕。戦国期の海上では「海賊」と「作法」が並行していたのであり、武家に仕える者の「海賊」行為を押さえ民間の自主的な「作法」を定着させることが幕府の目標であったのだ。

次いで寛永一三年（一六三六）八月に幕府は次のような「定」を出している。

(1)公儀の船や諸船が難風に遭ったときには、助け船を出す。

(2)難船の船主から荷物の取り上げを頼まれたときには、情を入れて助けること。取り上げた荷物の内、浮いていた荷物は二〇分一、沈んでいた荷物は一〇分一、川船の場合は、浮き荷物は三〇分一、沈み荷物は二〇分一を取り上げた者に遣わす。

(3) 沖合《おきあい》で難破を避けるために積荷を海に「はねた」(投げ捨てた)ときには、難船が着いた湊の代官下代《したたい》や庄屋が取り調べて証文(浦手形《うらてがた》)を出すこと。荷物を「はねた」と偽って荷物を盗み取る行為が明らかになったときには、船頭はじめ関係者はすべて死罪、その居村の住民すべてに過料《かりょう》(罰金)を課す。

この「定」の内容はのちにも引き継がれ、幕府の海難救助に関する法理の基本となっていく。第一条は元和七年令の第二条を受けたもの。第二条でわざわざ船主の依頼によって行うよう断っているのは、元和七年令第一条にある「捕り散らし」(略奪)と区別するためだろう。ここで明文化された荷物を取り上げた報酬基準は、江戸時代を通じて変わらない。第三条の浦手形についてはのちに述べる(71ページ)。

この法令を記した岡山藩の『御納戸大帳《おなんどおおちょう》』は、「江戸より和泉浦まで立てる御制札の写し」と註記しており、もともとは江戸・大坂間を航行する廻船に対する法令であった。しかし、この法令のことは岡山藩だけでなく、他の西国の大名にも知られていた。この年幕府は日本船の海外渡航を禁止し、いわゆる「海禁《かいきん》」政策〔荒野一九八八〕を強める。それにつれて諸藩でも海上交通を掌握しようとする動きが本格的に始まる。

岡山藩の正保二年の法令

幕府の寛永一三年令を受けるようなかたちで、諸藩でも海難救助に関する法令が発せられるようになる。諸藩の法令については金指正三が検討しているが〔金指一九六八〕、それらと比べても次に掲げる岡山藩の正保二年（一六四五）の法令は最も早い例だ。

浦々破損舟穿鑿《せんさく》之覚

一⑴御上使と承り候はば、何《いず》れの浦にても御馳走《ちそう》油断仕《つかまつ》るまじき事。

一⑵何れの浦にて他国舟破損仕り候とも、織部《おりべ》・主馬《しゅめ》方へ早々申し来たるべき旨、浦々へ申し付けらるべき事。

一⑶破損舟の注進申し来たり候はば、御船頭の内申し付け、追っ付け彼の浦へ遣わし申さるべき事。

一⑷右御船頭彼の浦へ参り候はば、所の者申し付け、商売舟は荷物一日かけあげ申すべく候。其の上は舟乗り相対《あいたい》次第に仕るべき事。

一⑸御大名衆御舟破損仕り候はば、荷物二日、所の者申し付け、かけあげ申すべき事。但し、様子により四、五日もかけあげ申すべく候。舟乗り相対次第馳走尤《もっと》も候事。

一⑹他国舟たすけ船をこい申し候はば、何れの浦にても早々所の舟出し、人損《そこ》ない申さざる様に随分馳走仕るべき事。

一(7)破損舟これ在《あ》る節、彼の舟乗り陸へあがり候はば、粥《かゆ》を申し付けたべさせ申すべし。重ねて罷《まか》り出る船頭、右の人数以下、所の者馳走の様子承り届け、勘定証拠に立て申すべき事。

一(8)難風にあい候船、其の所へ断り申し候はば、綱碇《つないかり》馳走申すべき事。

一(9)右の趣、牛窓《うしまど》は福尾才兵衛申し付けらるべく候。下津井《しもつい》は石津五郎兵衛申し付くべく候。右両所は此方より船頭参らず候とも、両人の者、右の通り所の者に申し付け尤も候事。

一(10)織部・主馬より奉行人参らず候内は、荷物以下散り申さざる様に所の者堅く相守り、奉行参り候を相待ち申すべき事。（『御納戸大帳』）

第一条は、幕府上使に対して油断なく便宜を計ることを命じている。この時期幕府役人の通行が頻繁であったことは「瀬戸内海の交通環境」の章でも述べた。

第二条から第四条までは、難船があった時の手順について述べている。難船があったときにはまず船奉行の所に注進する。岸織部と中村主馬が当時の船奉行。奉行の指示で船手《ふなて》の船頭が現地に派遣される。商売船の場合、船乗りの依頼の有無にかかわらず一日は沈み荷物の引き上げを行わせる。「かけあげ」は海中に沈んだ荷物を引き上げること。それ以上の作業は船乗りとの相対（交渉・相談）で行われた。

第五条は、大名衆の船の積荷取り上げについて。この場合は、最低でも二日、様子次第で四日でも五日でも沈み荷物の懸け上げを行うこと。船乗りとの相対で、できる限りの便宜を計るよう指示している。

第六条は、海上の難船から救助船を出すよう求められた場合は便宜を計るよう指示したもの。

第七条は、難船の乗組員が上陸した場合に粥など振舞うことについて。あとでやって来る船頭への馳走を含め、諸経費の証拠を取っておくことも注意している。

第八条は、難船から依頼があれば綱碇の提供を行うこと。

第九条は、牛窓と下津井での対応について。この両所には船番所があり常時船手から派遣された番役人（番所肝煎）が詰めているので、わざわざ船手から船頭を送ることはせず、番役人の指示で上記に従って処理することになっている。

第一〇条では、船手から奉行人が派遣されるまでは取り上げた荷物がなくならないように、所の者が見守ることを指示している。

以上のように、岡山藩では実際に海難事故が起こった時の対応が具体的に定められていた。あわせて幕府の指示よりも手厚い対応が指示されているのは、公儀の役を勤める上での幕府への配慮が働いているためだろう。

寛文七年の浦高札と浦辺見分使

寛文七年（一六六七）閏二月一八日、幕府は先の寛永一三年の「定」に四か条を加えて、浦高札《うらこうさつ》として全国に触れた（『御触書寛保集成《おふれがきかんぽうしゅうせい》』）。ただし、「定」の三か条も全く同じだったわけではない。第一条では「磯ちかき所」という限定がなくなり、沖合を含めて難船を見付けた時には必ず助け船を出し、情を入れることを命じている。第二条では、「船主頼み候においては」という限定がなくなり、船主の依頼の有無にかかわらず、すべての難船積荷の取り上げが義務付けられた。第三条では、積荷物だけでなく船具なども穿鑿《せんさく》の対象に上げられている。また、積荷を盗み取った時の罰則から、居村住民への過料規定がなくなった。穿鑿は犯罪などを細かく取り調べることを指す当時の用語。三か条とも、寛永一三年令と比べてより一般的な規定になったと言える。

加えて今回追加された箇条は次の四か条である。

第四条は、湊に長期滞在することを禁じるもの。早々に出港しない船については幕府代官・領主に届け出るよう命じた。

第五条では、船具や水主が不足の船に幕府城米を積むことを禁じている。日和《ひより》（天候）が良いにもかかわらず難破したような場合は、船主・沖船頭の落度《おちど》とする。理不尽なことを申し懸けたり不正があれば、中間《なかま》であっても訴え出た者には褒美を与える。

第六条は、持ち主がわからない船や荷物が流れて来た時には、取り上げて半年は保管することを命じている。半年を過ぎれば、拾い主に与えられた。

第七条は、博奕・賭け事を禁止した条項。一般の法令にもよく掲げられるものだが、船乗りの場合、積荷をめぐる不正の引き金になりかねないので、特に掲げたのだろう。

この法令は、幕府が全国の浦々に立てることを命じた最初の浦高札である。以後これが幕府の海難救助の基本となり、再々交付された。そのため各地の浦でその存在が確認される〔金指一九六八〕。法令が出されたのちの八月、幕府は全国に浦辺巡見使を派遣している。彼らは浦々を見分し、高札の趣旨の徹底を図った。この巡見使については「瀬戸内海の交通環境」の章でも触れている（21ページ）。

浦手形

寛永一三年の「定」および寛文七年の浦高札の第三条にあったように、海難事故が起きた場合、船頭は最寄りの湊の庄屋に事故の状況を説明し、その見分を受けて証明書を発行してもらう必要があった。これがなければ、領主や荷主に対して実際に事故があったことを証明できないからである。この証明書を「浦手形」、「浦《うら》状《じょう》」などという。海辺村の庄屋には、村人を動員して海難救助にあたるとともに、難船の状況を改めて、この浦手形を作成し、難船の船頭に渡すことが求められた。

浦手形の例として、「御留帳御船手」の冒頭にあるものを紹介してみよう。

一備前国邑久郷《おくごう》村忠右衛門船、塩積み上《のぼ》り、子《ね》の十二月十六日明石沖にてとこ痛み申す由、同日到着仕り、当初舟大工を頼み繕い申し、酉《とり》の刻時分沖へ出申し候所に、鳩（波戸《はと》）の石に乗り懸かり、とものすいたみ、のみはぎ、塩捨《すた》り申すに付き、浦手形望み申され、改め申す覚

一塩三拾四俵　　丸俵

一同百八俵　　はした俵

一同拾壱俵　　明《あけ》俵

俵数〆《しめて》百五拾三俵

右之通り相改め、船頭忠右衛門方へ相渡し申す所実証《じつしょう》なり。其のため浦手形仍《よ》って件《くだん》の如し。

寛文拾弐年

子ノ十二月十七日

兵庫津年寄

長右衛門

同　助右衛門

同　七郎右衛門

荷主中

寛文一二年一二月のことである。備前国邑久郡邑久郷村（現瀬戸内市）の忠右衛門の船が、荷主から預かった塩を大坂へ積み上っていたところ、明石沖で床が痛んだ。「とこ」は舵《かじ》を据える床船梁《とこふなばり》のこと。そこで兵庫津に着船して修理し、夕方六時頃出港した。ところが、波戸（防波堤）の石に乗り上げて艫《とも》が痛み、「のみはぎ」して浸水した。「のみ」は船板の継ぎ目に詰める材のこと。これがはぎ取れて浸水した。そのため積荷の塩が捨《すた》ってしまったのだ。積荷が失われたりダメになったりすることを「捨《すた》る」と言った。兵庫津の年寄たちが、残った積荷を改めたところ、塩がまるまる残っていた俵が三四俵、半端《はんぱ》になっていた俵が一〇八俵、中身が全く無くなった俵が一一俵であった。その改めに偽りのないことを保証したのがこの船手形というわけである。

帰郷した忠右衛門は、この浦手形を邑久郷村の庄屋孫左衛門に差し出した。孫左衛門は忠右衛門から難船の事情を聞き、それを口上書に認《したた》めて、岡山藩船手組頭の寺見三右衛門・児島惣次郎宛に浦手形を添えて提出している。口上書の日付は翌寛文一三年正月五日。これも「御留帳御船手」に記されていて、事故のもう少し詳しい状況がわかる。

忠右衛門の船は五端帆、水主二人と合わせて三人で乗り組んでいた。五端帆だから、あまり大きくない。内海通行専用だろう。積荷の荷主は邑久郡宿毛《すくも》村（現岡山市）の吉兵衛。

「運賃積」とあるから、運賃をもらって大坂に運ぶ途中であった。一二月一五日に明石沖で西風に遭い、床が折れてしまった。兵庫までなんとか乗り着き、大工長右衛門の世話になって修理した。一六日の夕方に出船したが、すぐに波戸に乗り上げ塩が水に濡れてしまった。兵庫津の「殿様御宿あみや新九郎」のもとに行き、兵庫の年寄の改めを受けて浦手形を出してもらった。世話になった者には新九郎の指示で礼をした。ただし、積荷は類船《るいせん》二艘に積み上げたので所の厄介にはならなかった。類船は前後しながら一緒の航路を進む中間《なかま》の船。廻船が類船を組んで航海することは少なくなかった。網屋新九郎は岡山藩主の参勤御用を勤める船宿・問屋（30ページ）。その好《よしみ》で岡山藩領の廻船の世話も行っていた。浦手形が確かにあり、口上書の内容に矛盾もなかったので、この一件はこれで落着した。この事件でもわかるように、海難事故の処理のためには浦手形が不可欠であったのだ。

では、浦手形を取らなかった場合はどうなるのだろうか。

延宝元年（一六七三）九月二六日の夜、郡村六兵衛の七端帆三人乗りの船が、肥後天草から材木を積んで戻る途中に、長門国竹ノ子島（現下関市）長瀬に乗り懸かり、破損してしまった。橋船《はしぶね》でもつれ浦（六連《むつれ》島、現下関市）の浜に揚がり、所の者が長府《ちょうふ》（現下関市）の代官に連絡してくれた。橋船は輸送・救難用に船に積まれた艀《はしけ》。積荷や船粕《ふなかす》（難船の残骸）・諸道具などは浦の者の手も借りて、浜に取り上げた。御法の「分一」（一〇分一の謝礼）を払おうとしたが、「少しの儀」だからと受け取られなかった。積荷などは船を借りて自分で下関に運び、そこで売り払った。その後長府の役人に挨拶し、便船《びんせん》に乗って岡山に帰った。

国許で破損の様子を庄屋に届け出たところ、浦手形はどうしたかと尋ねられた。自分船で自分荷物を運んでいて事故に遭ったのだから、手形までには及ぶまいと思い、取り帰らなかったと答えたところ、「沙汰《さた》の限りだ」（論外だ）と叱られ、すぐに手形を取ってくるよう申し付けられた。

やむなく小船を仕立てて下関に手形を取りに行くが、「もう延引《えんいん》（時期が過ぎている）のことだから、いかがなものか」という所の役人の返事であった。そこを「是非に」と何度も頼み込み、ようやく引島（現下関市）庄屋権右衛門の浦手形と下関の宿備前屋七兵衛の売手形《うりてがた》（「払木《はらいぎ》ノ覚《おぼえ》」）を出してもらい、国許に戻っている。

延宝元年の頃には、この六兵衛のように、浦手形の重要性を十分に認識していない船乗りもいたようだ。しかし、領主の側は浦手形を必須のものとして徹底を図った。これ以降、「御留帳御船手」にこのような事例は見当たらない。

「御留帳御船手」にみる海難事故

藩の海事行政の中心の一つは、海難事故の処理であった。そのことは「御留帳御船手」の記事のほとんどが海難事故関連のものであることからもわかる。それらの記事から、海難事故の具体相を見てみよう。

地域別にみた特徴

「御留帳御船手」に記載された海難事故を整理して表9にまとめてみた。地域区分は国名に基づき、大雑把なものである。なお、本書では一つの書付に記載された事故を一件として扱っており、なかには一件で複数の船が破損している場合もある。もちろん一件一艘の事案が大部分である。

「御留帳御船手」は岡山藩の船手役所の記録であるから、記事には大きな特徴がある。つまり、岡山藩領の船については全国のどこで起きた事件も記録されるが、他領の船に関

表9　「御留帳御船手」に記された海難事故（1673-86）

年代	総数（件）	遭難場所					船籍地			
		備前讃岐	瀬戸内	九州	太平洋	日本海	備前	山陽四国	九州	山陰北陸
延宝 1年	33	14	11	2	2	4	18	13	2	
延宝 2年	38	20	10	4	2	2	24	10	4	
延宝 3年	38	22	11		4	1	25	11	2	
延宝 4年	63	19	17			27	47	15		1
延宝 5年	47	17	18		2	10	35	10	2	
延宝 6年	53	22	23	2	3	3	38	14	1	
延宝 7年	106	84	13	3	2	4	70	32	4	
延宝 8年	50	26	20		3	1	29	19		2
天和 1年	35	14	17		4		23	11	1	
天和 2年	40	18	14	1	5	2	29	8	3	
天和 3年	30	19	9	2			16	10	3	1
貞享 1年	19	8	8	1		2	12	6	1	
貞享 2年	11	4	4			3	7	4		
貞享 3年	11	6	4		1		7	2	1	1
計	574	293	179	15	28	59	380	165	24	5

註）『御留帳御船手』上・下より作成．単位は件．地域区分は国名により，瀬戸内は周防・伊予から阿波・和歌山まで，太平洋は土佐と紀伊（和歌山を除く）以東，日本海は長門以東，とした．また，山陽は長門から紀伊，山陰北陸は石見以東とし出羽もここに含めた．

しては岡山藩領内で起きた事件か岡山藩領内の船や人が関わりのあるものに限られるということだ。海難事故についても、岡山藩領の船については全国のどこで起きた事故も記されるが、他領の船については岡山藩領内で起きたものに限られる。

そうした点を踏まえて表の数字を操作してみると、他領の船の数は一九四艘で、これらの船の事故は備前・讃岐で起きたと思われ、備前・讃岐の事故二九三件からそれを引いた残り一〇〇件ほどがこの海域での備前船の事故と思われる。つまり、備前・讃岐の海難事故の三分の二は他領の船が起こしたものということになる。詳しくはのちに述べる。

同じように備前船の事故三八〇件から備讃瀬戸で起きた事故一〇〇件ほどを引いた二八〇件ほどは、他領域で起きた事故数二八〇件とほぼ等しくなる。つまり、備前船の海難事故は四分の三が他領の海域で起きているということである。

また、備前船が起こした海難事故は一四年間で三八〇件だから、平均一年間に二七・二件起きていることになり、備前・讃岐での事故は二九三件だから、平均一年間に二〇・九件起きているという計算になる。どちらの面でも、当時海難事故が多かったという印象を持たれるのではないだろうか。

月別にみた特徴

次に、海難事故が発生した月別の件数を地域ごとに集計して表10に示した。極端に大きい数字には、それぞれ特別な事情があり、それについてはのちに触れる。そのことを考慮しつつ表を見てみると、地域ごとに特徴のあることが読み取れる。

まず日本海側であるが、事故は四月から九月に多く起きており、一〇月から二月までは全く起きていない。これは冬の日本海が荒れることが多く、船の航行自体が避けられたためである。石井謙治も日本海での廻船の活動は四月から一一月に限られていたと述べている〔石井一九九五〕。三月に起きている三件の事故の内、二艘は金沢藩米を運ぶ船で、残り

表10　海難事故の月別発生状況

月	遭難場所					計
	備前讃岐	瀬戸内	九州	太平洋	日本海	
1月	23	10	3	5		41
2月	12	4		3		19
3月	25	6			3	34
閏 3月		1				1
4月	13	6		1	7	27
閏 4月		1				1
5月	6	7	1	5	9	28
6月	24	7	1		6	38
7月	77	6	1	3	25	112
8月	23	15	5		6	49
閏 8月	2			2		4
9月	16	18	1	4	3	42
10月	31	31	1	4		67
11月	21	32	2	1		56
12月	20	35				55
計	293	179	15	28	59	574

註）『御留帳御船手』上・下より作成．地域区分は表9に同じ．

一艘は不明だが、同じような船だと思う。金沢藩米の輸送については「江戸時代前期の物流」の章で詳しく述べる（201ページ）。

これに比べて太平洋側では冬にも事故は起きており、季節による特徴は見付けにくい。船の運行が年間を通じて行われていたことの現れだろう（同前）。一月・二月、五月、七月から一〇月に事故が多いのは、この時期に海の荒れることが多いのを示している。例えば、延宝八年（一六八〇）閏八月五日に土佐下ノ茅浦《しもかや》（現土佐清水市）で二艘が遭難しているのは、台風によるものだろう。また、延宝三年一〇月朔日に紀伊熊野で三艘が遭難した事件や、延宝七年一月一六日・一七日と鳥羽沖で合わせて二艘が遭難した事件などは、冬の突然の強い季節風によるものと思われる。

九州については件数も少なく、一般的な傾向はつかみにくい。通行は年間を通じて行われていたと思われるが、やはり夏から秋にかけて事故が多かったようだ。

瀬戸内と備讃瀬戸はほぼ同じような傾向を示している。同じ瀬戸内海のことだから、当然と言えば当然だろう。年間を通じて事故は起きているが、どちらかというと一〇月から一月に掛けての冬の件数が多いのが注目される。それに比べると、特別な数字（延宝七年七月）を除いて、春から夏に掛けての方が安定しているようだ。

以下、各地で起きた海難事故を備前船の場合を中心に紹介してみよう。

日本海での備前船の事故

まず日本海での事故からみてみよう。日本海での備前船の事故は一四年間に五九件だから、一年間に平均四・二件である。しかし、特別に多数の船が遭難している時がある。例えば延宝四年（一六七六）の七月に二〇件の事故が起きている。その状況は次のようであった。

延宝四年七月四日の場合

延宝四年七月四日、能登で一三艘、佐渡で一艘の備前船が海難事故に遭った。前日の三日には長門で四艘が遭難しており、同じ四日には備前でも三件の海難事故が起きている。この日は新暦では八月一三日〔野島一九八六〕。大型台風による続発事故だったことは間違いないだろう。

児島郡日比村船主十右衛門が岡山藩船手に差し出した口上書から紹介してみよう。

十右衛門の船は一八端帆一二人乗りというから、大型廻船だ。日本海を航行する廻船はこの程度の大型船がほとんどだ。大坂島屋作右衛門の依頼で米四七〇石三斗四升、四斗二合入俵一一七〇俵を津軽の「あぜかさほ」（鰺ヶ沢《あじがさわ》）で積み込み、大坂に上《のぼ》る途中であった。「加賀浜」まで来た時、七月四日の大風で船底などが痛み、帆柱も折れてしまったので、荷物を刎《は》ね捨《す》てて、七日の午後二時頃に能登国七尾《ななお》浦に流れ着いた。庄屋方に注進すると、早速船に番の者を付けられた。十右衛門から大坂荷主に飛脚を遣わすと、早々に荷主が来て、船に残った荷物を改めた。結果、捨《すた》り米四〇〇俵、残り米七七〇俵、内三〇四俵が中濡れ米、四六六俵が干し米であった。残り米は荷主に渡し、船は浜に囲い置いてもらい、国許に帰った。はっきり書かれていないが、乗組員は全員無事だったようだ。口上書は日比村庄屋が奥書して九月一五日付けで出されているから、国許に帰ったのは、事故から二か月ほど後だったろう。口上書には、七尾浦庄屋治兵衛から日比村庄屋藤左衛門に宛てた「覚」（船手形）が添えられている。

岡山城下久山《くやま》町の忠右衛門船一五端帆は、出羽国秋田で同地の商人喜左衛門の米一三九八俵の大坂廻送を運賃積《うんちんづみ》に請け負い、五月二五日に秋田を出船した。沖船頭は新左衛門、米の内二三一俵余は新左衛門の買積分《かいづみ》であった。二八日には飛島《とびしま》（現酒田市）に着船、六月二〇日に飛島を出船して、同日に加茂《かも》（現鶴岡市）の湊に入る。七月四日の正午頃に加茂を出船し、佐渡の前に至ったところ、突然「下り風」になり、吹き戻される。日本海では「下り風」は西寄りの風、「上り風」は東寄りの風。大碇に苧綱《おづな》二本を結び、沖に留まろうとしたが、大風大波に水船《みずぶね》になってしまった。水船は浸水して沈没しそうな船。やむなく米を捨て綱を切り、やっとのことで七月六日の正午頃加茂に戻ることができた。早々に所の庄屋・年寄に断り、積荷の改めを受け、浦手形を出してもらった。その後大坂に上り、浦手形とともに残り米一〇五四俵を渡し、分散《ぶんさん》の手続きを行っている。運賃積と買積、および分散については「江戸時代前期の物流」の章で述べる（149ページ、163ページ）。

西大寺村八右衛門船は出羽国酒田で自分荷物を積み込み、六月一三日に同地を出船、同日加茂へ着船した。沖船頭は四郎左衛門、積み荷は、庄内米六二俵、大豆二〇俵、干鰯《ほしか》六〇〇俵であった。一八日加茂を出船、二〇日佐渡の小木《おぎ》へ着船、同晦日出船、七月朔日に能登国折戸《おりど》（現珠洲《すず》市）に着いている。三日に折戸出船、同日松ケ下《まつがした》（現羽咋《はくい》市）に「間《ま》入《いり》」した。「間」は「澗」で湊のこと。ところが四日の大荒れに船が破損し、干鰯と大豆はすべて海中に沈んでしまった。米は一八俵が捨りとなったが、四四俵は風戸《かざと》村（現志賀町）の肝煎《きもいり》（世話）で海中から取り上げることができた。そのため一〇分一にあたる四俵四歩を浦人に渡し、残りを売り払っている。

松ヶ下での事故

七月四日に松ヶ下で台風によって難船となったのは、西大寺村八右衛門船だけではなかった。他に備前船だけでも金岡村船四艘・牛窓船二艘の計六艘が松ヶ下で事故に遭っている。いずれも金沢藩米を積み込んで大坂に上る途中、天候が悪化したため松ヶ下に「間入」していたところ、七月四日の大荒れに破損したのだ。大風から避難した船が松ヶ下の湊にはひしめき合っていたに違いない。備前船だけでも七艘が間入していたわけだから、他に他領の船も多く停泊していただろう。船同士が衝突し合って破損するという事故も少なくなかったと思われる。

松ヶ下を出船した後に沖合で破損した備前船も三艘あった。いずれも日比村の船で、やはり金沢藩の大坂廻米を積んでいた。そのうち市兵衛船は七月二日に松ヶ下を出船、四日の大風に能登沖で荷物を刎ね捨て、五日に佐渡の沢根《さわね》に流れ着いた。次左衛門船も日和を見ながら松ヶ下に逗留していたが、七月二日の晩に出船、四日の大風に沖合で難儀をして、五日の昼に野呂瀬《のろせ》（能登国狼煙《のろし》村・現珠洲市か）へ寄せている。

庄左衛門船は五月二九日に七尾浦を出船、能登半島を廻って六月晦日に加賀《かが》国宮腰《みやのこし》浦（現金沢市）まで来たところ、急に風が変わって馳《は》せ戻され、松ヶ下に間入した。「馳せる」は風に乗って走ること。どちらかと言えば、風を制御できずに吹き流されている感じで使われる。七月三日の朝八時頃出船したが、四日の午後二時頃越前《えちぜん》三国《みくに》（現坂井市）の沖合で「出シ風」に替わり、大雨大風に沈没寸前になりながら、能登と佐渡の渡り辺りまで吹き戻された。幸い六日になって「上り風」になったので、能登国蛸島《たこしま》浦（現珠洲市）へ間入ることができたという。「出シ風」は船を湊から出すのに便利な風のことで、陸から海に向かって吹く適当な風。越前三国辺りでは南東の風だろうか。

雨風の予測は難しく、松ヶ下を直前に出た船も海上で台風に翻弄されたのだ。出た船も留まった船も台風による被害を免れることはできなかったということだ。

七月四日能登で起きた海難事故の残り一件は、西大寺村八右衛門船である。沖船頭は六兵衛。口上書には、金沢藩米二八〇石を加賀国安宅《あたか》浦（現小松市）で積み込み五月二九日に出船し、七月四日の大荒れに能登国松戸《まつど》浦（現志賀町）で破損したとある。八右衛門は同じ日に二艘の持ち船が被災したのだ。

七月三日長門国での事故

同じ台風によると思われる海難事故が前日の七月三日に長門国でも起きている。「御留帳御船手」から知られるのは四件。いずれも金沢藩の大坂廻米を請け負った備前船である。

金岡村の与三右衛門船と三郎右衛門船とは七月二日に石見国浜田浦を出船したが、三日の晩に長門国蓋井島《ふたい》（現下関市）沖で「出シ風」が思いのほか強くなり難儀となった。風雨のなか荷物を刎ね捨て、何とか沈没を免れ、与三右衛門船は四日の夜に、三郎右衛門船は五日の朝にそれぞれ下関に着船することができた。

同じ金岡村の市右衛門船も二日に浜田浦を出船し、三日の晩に角島《つの》（現下関市）と蓋井島の間の沖合で「出シ風」に吹き掛けられて破損、「あか入」となった。「あか（淦、垢）」は船底に溜まる水のこと。積荷の米を刎ね捨ててようやく助かり、五日の夜に下関に入船した。

西大寺村の四郎左衛門船も二日に浜田浦出船、三日の晩に長門国観音崎《かんのんざき》（現下関市）で「大風」に遭い、米を刎ね捨て、四日の夜に下関に着いている。

四艘がほとんど同じ状況のなかで海難事故に遭っていることがわかる。また、同じ村や近村の船が船団を組むように行動していることもわかるだろう。

七月一四日越前安島浦での事故

延宝四年七月に起きた二〇件の事故のうち、残りの二件は七月一四日に越前安島浦《やすじま》（現坂井市）で起きている。金岡村の三郎兵衛船と助右衛門船である。

三郎兵衛船は金沢藩の大坂御上米《おのぼせまい》（廻米）四六二石五斗を越中国岩瀬浦《いわせ》（現富山市）で積み込み、六月一八日に同地を出船した。岩瀬浦については、「江戸時代前期の物流」の章で触れる（203ページ）。その後、野呂瀬浦を経て、七月三日には「越中国伊木須浦《いぎす》」（能登国五十洲《いぎす》・現輪島市か）に入っていた。ここで七月四日の台風に遭ったが、なんとか凌いだ。八日になって伊木須を出船、能登国松ヶ下を経て、一三日越前安島浦に着船した。ところが一四日に急に難風になり、碇綱なども切れたため、やむなく米を刎ね捨てている。助右衛門船のほうは同じ岩瀬浦で大坂廻米五六〇石を積み込み、少し遅れて六月二七日に同地を出船した。その後伊木須浦に入ったのは七月朔日であったが、そのまま同地に留

図9　能登半島周辺

まっており、同じくそこで四日の台風に遭っている。ここからは三郎兵衛船と並走したようで、一三日に安島浦に入り、翌一四日に難船となったのだ。

「御留帳御船手」にはこの二件の他に同日の事故は記載されていないから、確たることは言えないが、やはり台風による事故ではなかっただろうか。二艘とも七月四日の台風は何とか凌いだものの、続く一四日の台風には持ちこたえられなかったのだ。

日本海側から大坂への廻米の時期は限られている。沢山の船が廻米を積んで同時に通行する。これを台風が直撃すると大被害になる。備前船だけでこれだけの被害である。他にどれほどの船が被災したのか、ちょっと想像を超えている。

図9として能登半島周辺地図を掲げたので参照していただけると幸いである。

下り船の事故

次に、日本海での事故を月別に見てみよう。

三月には三件。北浦村徳兵衛船は金沢藩の大坂廻米を請け負って、延宝四年三月八日に北浦を出船している。同一四日長門国下関、一六日石見国浜田、一九日出雲国「みをの関」（美保関《みほのせき》、現松江市）を経て、二五日に能登国福浦《ふくら》（現志賀町）の沖二、三里の所まで着いた。ここまでは順調な航海だった。ところがこの日の暮れ六時頃、風が急に「北東風」に替わり、福浦湊に寄ることができず、やむなく沖に出て夜を明かした。翌朝は「よせ風」に替わり、午前一〇時頃加賀国宮越（宮腰）浦の沖一里ほどに流され、風雨も烈しくなった。午後八時頃に風がにわかに「大西」になり、真夜中に再び福浦の「間口」まで寄せた。しかし夜中で、西風も烈しかったので、碇綱が切れ、船は破損してしまった。

郡村次郎兵衛船も金沢藩の大坂廻米を請け負い、延宝五年三月一六日に郡村を出船した。二七日に石見国浜田沖で難風に遭い、長門国江崎浦（現萩市）を目指して戻ったが、夜半時分に今度は「西風」が強くなり、石見国戸田浦（現益田市）で難破している。

この二艘は金沢藩の廻米を請け負って北陸に向かう途中の下り船であった。もう一艘は北浦村甚五兵衛の船で、延宝元年三月二三日に能登国塩津三崎（現珠洲市）前で「大荒風」に遭い破損している。積荷についての記述はない。やはり廻米を積む前の下り船だったろう。

四月に起きた海難事故は七件。延宝四年四月朔日には二件の事故が記録されている。一艘は金沢藩の廻米を請け負っていた牛窓村久左衛門船。三月晦日に但馬《たじま》柴山（現香住町）の湊を目指していたところ、風波が強くて寄り付けず、南無垣《なむかき》村（同前）の大島に留まっていた。しかし翌四月朔日の午後四時頃に風がますます強くなり、碇綱も切れて荒磯に打ち付けられて破損した。もう一艘は日比村の長太夫船。やはり金沢藩の廻米を請け負い三月五日に日比を出船、四月朔日に越中伏木浦（現高岡市）で破損している。運賃の前銀を受け取って下っていたときの事故ということで、奉行所から浦手形が出されている。二件とも下り船の事故であった。

金岡村忠兵衛船も金沢藩の廻米を請け負い、三月一五日に金岡を出船。四月朔日に下関を出て三日の夕方四時頃に能登沖まで来たが、急に「東風」になったために進むことができず、吹き戻されてしまった。そして五日の夜に伯耆《ほうき》国江北《えぎた》浦（現北栄町）の内に馳せ上げられ、破損している。郡村の権三郎船も金沢藩の廻米を請け負い、天和二年（一六八二）四月一三日に郡村を出船、二五日の午後四時頃加賀国本吉《もとよし》（現白山市）川口に到着した。しかし、風向きが悪く川脇に馳せ上げられ破損している。この場合も川岸に打ち上げられたのだ。二艘とも下り船であった。

四月に起きた七件の事故の内、残り三件は廻米を積み込んだ後の上り船の事故である。日比村忠左衛門船は金沢藩米六〇〇石を積み、延宝六年四月一四日に越中氷見《ひみ》を出船した。越前三国沖まで来たところ、二二日の正午頃に「出シ風」になったので西に向かって進んだ。しかし、二三日の午前八時頃に「北風」になり、さらに午後二時頃には「西大風大雨」になった。大風に翻弄されるうちに米を刎ね捨て、二四日の午後二時頃に丹後伊根《たんごいね》浦（現伊根町）にたどり着いている。

貞享二年（一六八五）四月二三日には二件の事故が起きている。日比村藤松船は三月

（日は記載なし）に国許を出て、金沢藩米六〇〇石を積み四月一八日に越中伏木《ふしき》浦を出船。その後二二日・二三日と「大風」に遭い、米三二六石を海中に投げ捨て、二四日に丹後伊根浦に着船している。もう一艘も同じ日比村の太郎右衛門船で、やはり三月に国許を出て、四月一八日に越中伏木浦で金沢藩米六七〇石を積み込んで出船。二三日の「大風」に米一五四石五斗を刎ね捨て、二四日に若狭小浜《おばま》に着船している。

以上のような状況から、備前船の運行のあり方が見えてくる。つまり、三月に廻米を請け負って国許を出航し、四月中頃に大坂へ向けて上《のぼ》ってくるというものである。そのため三月から四月初めにかけての事故は下り船の事故で、四月半ば過ぎから上り船の事故が日立って来るのだ。また、四月の上り船がいずれも越中領分から大坂廻米を積み込んでいるのは、何か理由があるのかもしれない。

上り船の事故

五月には九件の事故が起きているが、下り船の事故は一件だけである。

西大寺村の源六船は、貞享二年四月一一日に西大寺村を出た。二七日の昼時分に出雲鷺浦《いずもさぎ》（現出雲市）を出船したが、夜になって「大出シ風」に遭い、五月朔日の朝にようやく加賀本吉川口に寄りかかったが、波風が強く「川口の汐《しお》」に馳せ上げられて破損した。

五月の事故は、この一件を除き、他の八件はすべて上り船の事故である。事故は加賀から出雲まで広い海域で起きている。この時期、日本海は「しけ（時化）」になることが多いようだ。

六月の事故は六件。うち五件は出雲・長門で難船になっている。そのうち三件は金沢藩の廻米を運んでいたが、他の二件は出羽および越後から大坂への廻米である。残り一件は出羽での事故。金岡村八郎兵衛船は、この年三月に仙台伊勢屋与四郎という商人の大坂廻米を請け負い、五月晦日に出羽国由利本荘《ゆりほんじょう》に着船。米一五〇四俵を積み込んで六月二日に出船しようとしたが、日和悪しく五日まで逗留していたところ、にわかに「西風」が吹き、碇綱が切れ洲に乗り上げて破損した。

七月の事故は先に触れている。八月は六件で、やはり五件が出雲・石見・長門の間で起きている。そのうち四件は延宝五年八月に起きており、いずれも加賀安宅浦から金沢藩の大坂廻米を積み出した金岡村の船である。四件のうち八月二三日と二四日と続けて起きた二つの事故は、同じ台風によるものかもしれない。

九月は三件。そのうち延宝四年と五年に起きた事故は二つとも長門国の日本海側で起きており、八月の事故と同じパターンと考えてよい。延宝元年に起きた事故は先に触れたものだが（74ページ）、これまでのものとは違っていた。郡村六兵衛船は七端帆三人乗りで、肥後天草へ材木を買い付けに行き、備前に上る途中に長門国竹の子島の長瀬に乗り上げ破損したものである。竹の子島は関門海峡に入る手前である。風のことも記されていないから、操船ミスだろうか。

日本海での事故の特徴

一四年間に日本海で起きた備前船の事故五九件の概略を紹介した。その特徴を整理しておこう。

一つは、海難事故は三月から九月の間に起きており、一〇月から二月の間には全く起きていないこと。通行の目的は、多くが金沢藩の大坂廻米の輸送を請け負ったものであった。

二つは、三月と四月半ばまでの事故は北陸に向かう途中の下り船の事故であり、四月中頃以降は廻米を積み込んで大坂に向かう上り船の事故であること。五月以降九月までの事故は一件を除きすべて上り船の事故である。

三つは、事故の起きた海域は、五月までは能登・加賀・越前が目立つが、六月以降は丹後以西が多くなり、特に出雲・石見・長門に集中するようになる。台風による事故は七月、八月に起きており、時に大事故になることもあった。

五九件のうちに行方不明になってしまった事例が一件だけある。延宝七年五月二〇日の西大寺村八右衛門船の場合である。この船は金沢藩米三七〇石を加賀国安宅で積み込み、同年五月五日に出船している。沖船頭は仁兵衛、水主八人が乗っていた。その後五月一八日に金岡村の四郎左衛門船と一緒に出雲加賀浦（現松江市）を出たが、二〇日の「大出シ風」に沖へ吹き流され行方知れずになってしまった。その様子は類船によって国許に伝えられた。関係者が各地を尋ね探したが、木も船粕《ふなかす》も死骸も揚がらなかった。八右衛門と乗組員の親族は「一人でも居所がわかったら、幾年経っていても隠さずに注進する」という一札を、一一月一一日に大坂の請負商人宛に提出している。日本海で遭難した船が、運良く朝鮮半島に漂着して送還されることも少なくない〔池内一九九八〕。しかし、池内敏が作成した「近世日本人の朝鮮漂着年表」に延宝七年・八年の記載はない〔同前〕。類船が報告したように、八右衛門船は沈没し、仁兵衛たちは積荷とともに水底に消えてしまったのだろう。

九州・瀬戸内海での海難事故

九州での事故

備前船の九州での事故は一五件で、さほど多くない。日本海と比べて四分の一以下である。それだけ通行量も少なかったということだろうか。表9にまとめた一五件の事故を発生地別に見てみると、豊後六件、筑前三件、肥前三件、肥後一件、日向《ひゅうが》一件、壱岐《いき》一件である。表10の月別発生件数を加味して考えてみるといくつかの特徴が見える。

まず豊後に数えている六件について。このうち延宝元年（一六七三）一一月に下関を出た岡山天瀬片原町の船八端帆四人乗りが「西風」に吹き掛けられて豊後国猫石《ねこいし》（現豊後高田市）に吹き上げられたもので、瀬戸内に数えてよいかもしれない。

延宝二年八月一七日に日出《ひじ》と小浦《こうら》（現日出町）で起きた二件は、台風によるものだ。いずれも大雨風のため湊に避難していて破損している。この日には、肥後で一件、備前で五件、伊予で二件、周防で一件、計一一件の海難事故が起きている。肥後の事故は郡村喜右衛門の九端帆五人乗りの船が天草軍ヶ島《いくさがしま》向辺田《むこうべた》で遭難したものだ。

延宝元年五月一四日の牛窓村久左衛門船、天和二年（一六八二）一月四日の牛窓村長八郎船は、いずれも日向国県《あがた》（現延岡市）から材木・薪を積み出した船である。久左衛門船は五月一四日に豊後国佐伯《さえき》保戸《ほど》島に停泊していて破損した。この日湊には多くの船がつながれていた。大風に煽《あお》られて久左衛門船の他にも豊後高松の船二艘が破損している。旧暦の延宝元年五月一四日は新暦の六月二八日にあたる〔野島一九八六〕。台風には時期が早いので、竜巻のような突風だったのだろうか。長八郎船は県から薪などを積み込み、一月四日の朝、佐賀関《さがのせき》を出船、午後四時頃に「岩見島」（周防国祝島《いわいじま》・現上関町か）の近くまで来た時、「北風」に遭って周防《すおう》国笠戸《かさど》島（現下松市）近くまで流され、晩の六時頃には急に「西風」に変わり、夜分のため行き先がわからなくなって、豊後国姫島《ひめじま》稲積《いなづみ》浦で破損している。

やはり一月に豊後から周防に渡る際に遭難した船があった。日向延岡藩《のべおかはん》有馬左衛門佐へ遣わされた岡山藩の小早船である。延宝七年のこと。この船には藩の飛脚が乗っていたが、役目を終えて帰国するところであった。一月二三日午後二時頃、豊後美佐ノ川（現大分市）を出船、午後四時頃には「ふかい」（深江《ふかえ》、現国東市）に着いた。二四日は朝「ふかい」を出船、八時頃には「あき」（安岐、現国東市）に着いている。翌二五日未明に「あきノ川」を出船、八時過ぎ頃に「いわう島」（祝島か）沖で「地西」（陸からの西風）が強く吹き掛け、「垢入《あかいり》」（浸水）して水船になってしまった。ようやく「にない島」に漂着したが、そこは無人島であった。二七日になって所の猟船（漁船）に見付けられ、屋代《やしろ》島の伊津居村（出井《いずい》、現周防大島町）庄屋と連絡が付き助けられている。

日向に数えている片上村宗左衛門船は、天和三年六月八日に県の川口で事故を起こしたもの。県から出船した三艘は、久左衛門船が一二端帆六人乗りだが、長八郎船は五端帆三人乗り、宗左衛門船は七端帆三人乗りで比較的小振りだ。瀬戸内を主に通行するような中・小型廻船で豊後水道を越え、日向の県辺りまで航行していたようだ。

肥前で起きた三件のうち、延宝六年八月五日長崎の野母《のも》浦で起きた胸上村惣右衛門船、延宝七年七月二一日五島《ごとう》の小徳賀島（小値賀《おぢか》島か）で起きた日生村半助船の海難事故は、いずれも同じ日に他の場所でも事故が起きており、時期的にも台風による被災と見て間違いない。惣右衛門船は五端帆二人乗り、半助船は六端帆三人乗りで、内海専用のような比較的小型の廻船だ。この船で長崎・五島辺りまで出掛けている。

もう一件はやや特殊な事例に属する。貞享二年（一六八五）一月二七日、島原藩士の保利平内は肥後に向かうために諫早《いさはや》江ノ浦を出船したところ、島原沖で急な大風に遭い沈没しそうになった。そこへ島原の平右衛門船が通りかかった。牛窓村三郎兵衛はその船に荷主として乗り組んでいたが、自分の積荷を投げ捨てて保利を救助した。同乗していた水主二人は溺死したという。有明海を渡る極《ご》小《く》さな船だったのだろう。三郎兵衛が島原藩から褒美をもらったので、岡山藩の記録に残った事件である。この事件については「江戸時代前期の物流」の章でも触れる（162ページ）。

筑前では三件の事故が記録されている。天和三年八月一一日に起きた件は、時期的に見て台風によるのではないかと思われる。肥後国宇柳（植柳《うやなぎ》、現八代《やつしろ》市）から材木を積み上る牛窓村七右衛門船が、博多沖の相島《あいのしま》を出船した直後に「大雨大北風」に遭い、鐘崎御《かねがさきみ》崎山《さきやま》（現宗像市）辺りで沈没したものだ。

延宝二年一一月一一日の事故は、唐津から米を積んで大坂に向かっていた塩飽屋善六船が、唐泊浦《からどまり》（現福岡市）に懸かっていたとき、夜に「早手《はやて》」（急に吹く烈しい風）に遭って水船になったもの。延宝七年一〇月二五日の事故は、肥後八代から材木を運んでいた牛窓村善右衛門船が、博多沖志賀島《しかのしま》に停泊中、夜に「大風」に吹き掛けられて水船になったものである。いずれも初冬のことで、湊に避難していた船が突風で破損したものだ。

最後に壱岐で起きた事故について紹介しておく。日比村藤左衛門船は宗対馬守《そうつしまのかみ》の大坂廻米を請け負い、延宝六年八月二八日に日比を出た。二〇端帆一四人乗りの大型廻船である。九月一三日に対馬の田代《たしろ》に着船、藩米一七五〇俵、藩の御用竹大小四五〇本を受け取り、一一月三日に田代を出船。一八日壱岐勝本《かつもと》浦に乗り入れる予定であったところ、夜中に「西風」に吹き掛けられ、島を見損ない、黒崎唐船之瀬戸で破損してしまった。船頭水主は橋船《はしぶね》（艀《はしけ》）で「湯浦」（湯本・現勝本町か）に上陸し、沈み荷物は浦の人が取り上げてくれた。島の「笠本」（勝本か）というところに対馬藩の屋敷があり、そこの奉行が出向いて来て事故処理が行われている。やはり初冬の海難事故である。

備前より西の瀬戸内海での事故

次に備前・讃岐以外の瀬戸内海で起きた事故について検討してみよう。ただし、備中国には岡山藩領の村もあり、その海辺で起きた事故は岡山藩船手の扱いになるので、そこでの事故は他領の船のものも含まれることになる。それを除けば、基本的に備前船の事故を記載したものである。瀬戸内を航行する備前船の活動形態は多様だ。そのことは「江戸時代前期の物流」の章で詳しく述べるが、ここでは便宜的に備前より西の海域（備中・備後・安芸・周防・長門・伊予）で起きた事故と、備前より東の海域（播磨・淡路・摂津・和泉・阿波・紀伊の一部）で起きたものとに分けて、検討してみよう。

一四年間の事故発生数一七九件を国別にして表11に整理した。全体としては備前より西

表11　瀬戸内での海難事故の発生地国別

国名	件数	国名	件数
備中	6	播磨	94
備後	1	淡路	6
安芸	1	摂津	47
周防	7	和泉	1
長門	2	紀伊	3
伊予	10	阿波	1
小計	27	小計	152

註）『御留帳御船手』上・下より作成．左列が備前より西の海域，右列が備前より東の海域をまとめている．

が二七件、東が一五二件で、備前船の主な活動が大坂との間の輸送にあったことがうかがえる。表9・表10も加味しながら、海域ごとの特徴をみてみよう。

まず、備前より西の瀬戸内海での事故である。月別の事故発生状況は、四月から九月の夏秋が一七件、一〇月から三月の冬・春が一〇件である。

台風によるとみられるものがいくつかある。例えば、延宝二年八月一七日の伊予での事故。郡村又兵衛船は四端帆二人乗りの小型船。豊後で荷物を積み岡山に帰る途中に伊予津《つ》和地《わじ》島（現松山市）で大風に破損している。もう一艘の北浦村四郎右衛門船も三端帆の船。伊予で商売をして帰る途中、一七日の夜の一〇時頃に伊予高浜（現松山市）で破損している。この日は他に備前で五件、豊後で二件、周防・肥前で各一件の事故が記録されており、台風によるものであることは間違いないだろう。延宝七年七月二一日に長門赤間関細江浜で大風に遭難した小串村喜右衛門船と厚村又左衛門船も台風によるものだ。この日には、備前で四四件、肥前で一件の事故が記録されている。一日の海難事故としては一四年間で最大の数である。この台風のことはあとでも触れる（113ページ）。

他に、同じ日に他所でも事故が起きているものを調べてみると、延宝元年五月一四日の北浦村惣十郎船、同年九月一九日の郡村六右衛門船、延宝二年一〇月六日の小串村新兵衛船の三件が伊予での事故。延宝元年五月一四日は豊後・丹後・播磨・淡路・紀伊で、同年九月一九日は播磨、延宝二年一〇月六日は備前でそれぞれ事故が起きている。延宝六年八月五日の庄兵衛船は周防三田尻《みたじり》（現防府市）で、同年八月六日の西太地村吉兵衛船は備中連島沖でそれぞれ事故に遭っている。八月五日は肥前・播磨、翌六日は讃岐・備前・摂津で事故が起きており、同じ台風によるものに違いない。八月・九月の事故は時期的に見て台風による可能性が高い。

次に事故発生地を国別に見てみると、備中六件、周防七件、伊予一〇件が多い。このうち備中は、先にも述べたように、右に挙げた児島西太地村吉兵衛船の事故を除いて、他の五件は他領の船によるものである。内訳は、伊予船二件、豊後船一件、長門船一件、安芸船一件である。詳しい状況の記されていないものもあるが、突然の強風に操船を誤り、阻《そわえ》に乗り上げたり、島に打ち上げられたりして破損したものと思われる。

周防の七件のうち二件は台風によるものとして先に触れた。残り五件は、豊前船一件、他の四件は備前船である。そのうち、豊前小倉船は寛文一三年二月一四日に碇石《いかりいし》前で停泊中に「山おろし」に馳せ返った。強風にあおられて転覆したのだ。近くに居た一三、四端帆の備前の大船に助けられたという。備前船四艘のうち寛文一三年九月一二日に厚村与十郎船が破損した状況は不明。厚村長右衛門船は、北国への荷物の輸送を請け負って、下関に向かっていた。しかし、豊後姫島（現姫島村）より五、六里西で大南風に遭い、防府の三田尻へ吹き流され、夜中の二時過ぎであったため湊口が見えず、磯近くで破損している。延宝二年閏四月一八日のことであった。尻海村仁兵衛船は豊前小倉から帰る際に、下関を延宝七年一月二六日の昼頃に出船したが、夜の八時頃に山を見間違えて馬島（現田布施町）に馳せ揚がり破損した。岡山藩の飛脚小早は油宇《ゆう》村（現周防大島町）に停泊中、延宝八年二月七日の夜二時頃に大南風大雨になって沈没している。いずれも、馴れない海域で、夜中の突然の難風にうまく対処できずに遭難しているようだ。

最後に伊予で起きた一〇件。うち五件は台風によるものとして既に触れているので、残りは五件。小串村船一件、北浦村船四件である。小串村伝左衛門船は周防上関《かみのせき》を出た後、延宝六年六月一六日の夜一〇時頃に岩城《いわぎ》島（現上島町）の瀬戸で早潮のため阻にせり上げて破損した。北浦村惣吉郎船は同年八月一九日に川之江村で大風に破損したとある。延宝八年九月九日の北浦村五郎右衛門船は午後二時頃に突然大風が吹き、梶を折られて転覆し、大三島の野々江村で水船になっている。貞享元年一一月二四日の北浦村猟船の事故は九艘で魚釣りに出ていたときに、そのうち一艘が五々島（興居《ごご》島、現松山市）で行方不明になったもの。特に風のことなどは記されていない。貞享二年七月一四日の北浦村利兵衛船は三津浜（現松山市）川口に入ろうとしたとき、風波が強くて洲へせり上げて破損した。いずれも早潮や突然の風に対応できずに難破したものだ。

大坂・兵庫などでの事故

次に備前より東の瀬戸内海での事故について検討してみよう。この海域での事故の特徴は、月別発生状況に顕著に現れている。一五二件の内訳が、一月から三月・閏三月まで一七件、四月から六月まで一六件、七月から九月まで二七件、一〇月から一二月まで九二件となっているのだ。これは、この時期にこの海域を航行する船が最も多いことによるのだろうが、他にも特別な条件があることを暗に示しているようだ。

地域別にも見てみよう。

まず摂津だが、四七件のうち二九件が大坂川口、とりわけ一の洲（一の瀬）で起きたものである。しかも、そのうち二三件が一〇月から一月の間に起きている。

延宝五年一一月一四日には、片上村の与兵衛船と弥一郎船の二艘が事故に遭っている。二艘はいずれも六端帆三人乗りで、岡山藩の大坂廻米を運んでいた。その日午後四時頃に、大坂川口一の洲に乗り入れたところ、大波風に多くの船が破損し、水尾筋《みおすじ》（船の通る水路）に沈んでいたため、乗り入れることができなかった。なんとか碇を入れ岸に着けようとしたが、沈み船が邪魔になってうまくいかない。そこへ播州荒井村（現高砂市）の塩船が弥一郎船に突き当たり、垢入《あかいり》になった。加子のうち二人が助けを求めて与兵衛船に乗り移ったが、与兵衛船も船底が当たり、破損してしまった。

延宝六年一一月八日には四件の事故が記録されている。うち三件は兵庫で上荷船《うわにぶね》に積み替えた後の事故。上荷船は喫水の浅い小型の荷船。金岡村惣左衛門船は岡山藩の廻米一三二〇俵を積んで一一月朔日朝に金岡を出船、四日夜八時頃に兵庫に着いている。翌朝網屋新右衛門に頼んで上荷船四艘を借り、脇浜沖まで行ったが、日和がよくなく、兵庫へ引き返した。八日の午前一〇時頃再び出船、午後二時頃に大坂川口一の洲に乗り懸かったところ、風が強くなり、四艘のうち三艘はようやく乗り込んだが、残り一艘は水尾筋がふさがって乗り込むことができなかった。西大寺村八右衛門船と金岡村七左衛門船は、やはり兵庫でそれぞれ二艘ずつの上荷船に藩の廻米を積み込み大坂に向かったが、一の洲で破損し、米の大部分が捨ってしまっている。残る一件は岡山二日市町久兵衛船の事故で、大坂川口で上り荷物の多くが濡れ捨っている。

この他にも一〇月から一一月までに起きた大坂川口での事故のうち、一二件が大坂へ岡山藩米を運んでいた船の事故であった。船が混み合う川口では、ちょっとした風でも事故を誘発するような状況であったことがわかる。

大坂以外での摂津での事故は、西宮や鳴尾《なるお》の沖で起きたものもあるが、兵庫や神戸の湊で停泊中に起きた事故も少なくない。

片上村善十郎船は、延宝三年四月二〇日に兵庫浦に停泊していた。夜の八時頃「夜おとし」という「大東風」が吹いたので、船を繰り出したところ、にわかに風が強く吹き、船が横倒しになって、そのまま浜に打ち上げてしまった。岡山中島町九助船も兵庫浦で、延宝三年一〇月八日の朝「大東風」に破損している。岡山二日市町多左衛門船は延宝五年一〇月三日に神戸浦に停泊していたところ、夜の一二時頃「北東風」が強く吹き、和田岬まで流されてそのまま打ち上げられてしまった。

牛窓村の理兵衛船は延宝六年一〇月五日に堺湊を出船し、夜半過ぎに神戸浦に着いたが、突然の「大南風」に浜に打ち上げられて破損している。

延宝六年八月六日には二件の事故が起きている。岡山片瀬町太郎兵衛船は前々日の四日から神戸浦に停泊していたが、五日の昼時分から「大南風」が吹き、翌六日の朝六時頃に碇綱が切れて、そのまま磯に打ち上げられた。岡山藤野町久左衛門船は四日に兵庫浦に着いた。五日は雨で「東風」が強かったので停泊したが、六日の早朝から「大南風」になり水船になっている。風の向きは他の事故と似ているが、この日は他の地でも事故が起きており、台風によるものだろう。

兵庫も神戸も諸国の廻船が集《つど》う湊であった。湊の地形条件などもあって事故の絶えない場所であった。

播磨での海難事故

次に播磨だが、ここでも月別に見てみると、一月から三月・閏三月が九件、四月から六月が一一件、七月から九月が一五件、一〇月から一二月が五九件で、やはり冬の事故が最も多い。同じ日に複数の事故が起きている事例から検討してみよう。

延宝五年一二月二〇日に五件の事故が起きている。岡山内田町与右衛門船は、津山藩の大坂廻米を請け負い、一二月一四日に備前を出た。二〇日の午前一〇時頃に室津を出船したところ、にわかに西風が強く吹き、美濃島に停泊した。しかし、波が高くて碇綱が切れ、大岩に当たって船底を打ち抜いてしまった。紺屋町又兵衛船は与右衛門船の類船で、全く同じ経過をたどって破損している。片瀬町太郎兵衛船は同じく津山藩米を請け負い、一二月一六日に岡山川口を出船した。二〇日の朝六時頃室津を出たが、江井島《えい》(現明石市)沖で人西風に遭い、米を刎ね捨て、その日の晩に兵庫にたどり着いている。内田町忠三郎船も津山藩米を積み、一五日に岡山川口を出船。二〇日の午前一〇時頃室津を出たところ、江井島沖で大西風に遭い、大波に梶を折られ、明石船上《ふなあげ》浦に吹き上げられて破損している。郡村五郎右衛門船は岡山藩の廻米を運んでいた。やはり二〇日の朝八時頃に室津を出船したが、上島（現高砂市）辺りから大風になり、波が入ったものの、夜八時頃に兵庫に着いている。五件とも明石の手前の沖で大西風に遭難したことがわかる。

天和元年一〇月二一日には三件の事故が起きている。三艘とも、二一日の晩六時か八時頃に明石辺りで大西風によって遭難したもの。このうち内田町惣吉船は大西風に沈没し、船粕少しと二人の死骸が谷八木《たにやぎ》村（現明石市）・藤江《ふじえ》村（同前）に上がった。残る一人も沖合で果てたと思われるが、死骸は上がらなかった。

同年一一月三日にも二件の事故があった。二艘はいずれも西大寺村の船で、大坂から備前に戻る途中に、夜中に倉懸島辺りで大西風に遭い、遭難している。

天和二年の一〇月二〇日は四件。うち一艘は岡山上内田町与兵衛船。大坂への上《のぼ》せ荷物と乗人四人を乗せ二〇日の昼頃岡山川口を出発、夜中を過ぎて午前二時頃に明石古波戸《ふるはと》沖で大西風に破損し、新浜浦に打ち揚げられている。残り三艘は片上村船で、津山藩米を運んでいた。うち一艘は船頭弥三郎、他の二艘の船主は同じ四郎左衛門で、船頭は惣左衛門と市兵衛。他に類船が二艘あり、いずれも船主は四郎左衛門、沖船頭は小三郎と長八と言った。この片上船五艘は、二〇日の夜一〇時頃室津を出船した。最初に長八・惣左衛門、後から小三郎、次いで市兵衛・弥三郎の順で出た。しかし、真夜中頃に大西風になり、弥三郎船は明石沖で破損した。惣左衛門船は高砂沖の上島より一里ばかりのところで梶を折られ、荷物を刎ね捨てて兵庫にたどり着いた。市兵衛船は明石古波戸にて破損。同所では他所船大小七艘も破損し、船粕・諸道具とも一つになって船上浦の浜に打ち寄せている。長八船と小三郎船は遭難をまぬがれて兵庫浦に着いたようだ。

以上は大西風による事故だが、大南風によって起きた事故もある。

延宝八年一〇月二二日に二件の事故が起きている。厚村三郎右衛門船は大坂からの下り船で、高砂沖に来た時、南風が強くなり兵庫へ戻ろうと思ったが、日和はよかったので再び下ろうとしたところ、風が強くなり、陸に近かったために、同日夜半過ぎ別府村（現加古川市）にせり上げられてしまった。岡山の八郎兵衛船は垂水《たるみ》浦（現神戸市）に懸かっていたところ、夜になって大南風が強まり、そのまま浜に打ち上げられている。この船も紀伊和歌山からの戻り船であった。事故に遭ったのは、いずれも明石辺りである。

貞享元年一〇月二五日には四件の事故が起きている。鹿忍村作左衛門船と岡山平野町六兵衛船はいずれも大坂からの下り船で、大南風で破損している。金岡村伝兵衛船は大坂への上り船で、二五日の午前八時頃に明石領江ヶ島（江井島か）に懸かっていたが、日和が悪いので室津に帰ろうとしたところ、夕方六時頃に大西風になり、上島で水船になり、高砂浦塩浜表に打ち上げられた。藤野町長左衛門船は二見浦（現明石市）に停泊していたが、やはり日和が悪いので室津に引き返そうとしたところ、大南風に苦労して積荷を捨てて上島辺りまで来た。しかし、ここで風が大西風に替わり、高砂浦川口西ノ洲に打ち上げられている。

初冬の明石辺りは風の変化が激しいのだろう。下り船は大南風に、上り船は大西風によって難船となっている。

以上は同時に二艘以上が事故に遭っている例だが、他に一艘だけの事故でも、冬に明石辺りで起きているものは多い。室津から兵庫へ向かう途中に高砂沖上島辺りで起きた事故も少なくない。

播磨でもう一つ事故の多い海域は、赤穂と家島《いえじま》辺りである。この辺りで同日に複数の事故が起きている例はないが、事故は合わせて九件。延宝五年九月の岡山紺屋町七兵衛船と児島町又兵衛船、延宝七年八月の岡山清三郎渡海船、延宝八年五月の鹿忍村伝次郎船、貞享元年三月の讃岐高松魚棚《うおだな》助左衛門船、以上五艘はいずれも下り船で、赤穂・室津辺りで大南風によって遭難している。延宝八年四月の下津井長浜村又兵衛船と延宝七年一月の備後三原徳右衛門船は、上り船だが風向きは不明。延宝八年一二月の小串村喜右衛門船と延宝六年四月の長浜村又兵衛船は上り船で、大西風による破損である。船の上り・下りと遭難したときの風向きとは、先に述べた明石辺りの事故と同じだ。事故の起きた月に片寄りはない。なお、備後三原の徳右衛門船は乗り人一〇人と大坂上り荷物を積んでいたが、赤穂御崎《みさき》沖で難風に遭い、沈没した。通りかかった下津井の猟船が帆桁《ほけた》につかまっていた乗り人の大郎八を助けて、室津に届けた。そのため岡山藩の記録に残ったものである。帆桁は帆を張るために帆柱にわたした細長い材で、木綿帆の場合は上部だけであったが、莚帆では上下に設けた。また、讃岐高松の助左衛門船は大坂からの戻りに家島沖で南風が強く吹いたために転覆し、水船になって備前国邑久郡虫明村立崎《たてさき》に流れ着いたものである。

播磨での海難事故は九四件で、表11のなかでは最も多い。一見穏やかそうに見えながら、意外に事故が多い。特に冬は突然に風向きが変わったり、突風が吹いたりして操船を誤る事態になった。陸地に打ち上げられる場合が多いのは、浦辺が近いので、そこへ寄せようとして操船を誤るのだろう。やはり油断できない海域であった。

備前・讃岐海域での事故

備前・讃岐海域で起きた海難事故については徳山久夫の研究がある〔徳山一九七八〕。直《なお》島《しま》三宅家文書で慶安《けいあん》三年（一六五〇）から明治五年（一八七二）まで二二二年間に起きた三八〇件余りの海難事故を分析したものだ。それによれば、①直島の南沖の島や岩で起きたものが多い、②月別では台風シーズンの秋と季節風の冬に多い、③二人乗りから五人乗りまでが一番多く、瀬戸内の船が多い。徳山は積荷についても指摘しているが、そのことは「江戸時代前期の物流」の章で触れることにして（191ページ）、ここでは①から③の指摘を参考にしながら、話しを進めたい。

遭難船の船籍地

「御留帳御船手」に記載された備前・讃岐海域の海難事故は、表9に示したように、一四年間で二九三件であった。事故にあった船を船籍

表12　備前・讃岐で事故に遭った船の船籍地

年代	備前	讃岐	山陽	四国	九州	日本海側	計
延宝 1年	1	1	9	2	1		14
延宝 2年	8	3	6		3		20
延宝 3年	9	1	7	3	2		22
延宝 4年	5	3	9	1		1	19
延宝 5年	7	1	6	1	2		17
延宝 6年	12	1	6	2	1		22
延宝 7年	48	5	22	5	4		84
延宝 8年	7	4	10	3		2	26
天和 1年	2	3	6	2	1		14
天和 2年	8	2	5		3		18
天和 3年	5	1	8	1	3	1	19
貞享 1年	4		3	1			8
貞享 2年	1	2		1			4
貞享 3年	2	1	1		1	1	6
計	119	28	98	22	21	5	293

註）『御留帳御船手』上・下より作成．山陽には，長門・周防・安芸・備後・備中・美作・播磨・摂津・和泉・紀伊を含めている．

地によって分けたものが表12である。

備前船はこの海域を活動範囲としているから、事故が多くて当然だろう。加えて備前で起きた事故も讃岐で起きたものも記載される。他方、讃岐船は備前で起きた事故だけで、讃岐で起きたものは数えられていない。山陽に数えられている船は、大坂との間で瀬戸内海を往来する船で、これも多数にのぼる。四国は伊予の船がほとんどで、他に、岡山に向かう土佐船が遭難した事故が三例ある。九州は筑前・豊前・豊後の船が多い。九州では薩摩船の事故が一件ある。延宝七年（一六七九）正月六日の朝、大坂から木綿二六〇俵を積んで戻る途中の鹿児島四郎左衛門船が、虫明村立崎で大西風に破損したものである。日本海側の船五艘の内訳は、隠岐一艘、出雲四艘である。出雲より東の国の船の事故は記録されていない。当時はまだ、出雲以東の国の船が西廻りを航行することは少なかったのだろう。

他と比べて格段に多い事故が起きている時には、何か特別な事情がある。そのことはこれまでにも述べてきたところだ。表12で言えば、延宝七年がそれにあたる。この年は、七月一〇日に二二件、七月二一日に四四件の事故が起きている。二一日は長門で二件、肥前で一件の事故も起きている。時期的にも、台風による被災と考えて間違いないだろう。

一〇日の場合、備前船は一三件。湊の内に繋いでいたのに破損した船も少なくない。他国の船は九件。日生沖、鹿忍沖、牛窓沖でそれぞれ三件ずつの事故が起きている。

二一日に起きた備前船の事故は合わせて二六件、他国船は一八件であった。これらのうち牛窓向島（前島）および牛窓湊・牛窓沖で遭難した船が二五件と集中しており、胸上村など児島沖で事故に遭った船も一一件あった。

備前船の被災が多いのは、四端帆以下の小型船、小猟船・上荷船・高瀬船などが事故に遭っているからでもある。一〇日は朝の八時頃から大風になり、暮れ六時頃には風はますます強く波も高くなった。小串村の四端帆船二艘、三端帆船四艘、二端帆船一艘、合わせて七艘が、「御新田」（岡山藩が造成中の倉田新田）へ芝を運んでいて、夕方四時頃に児島湾で破損している（事故としては一件）。同じ新田所では、上道《じょうとう》郡海面《かいめん》村新右衛門の上荷船も破損した。児島湾東の邑久郡乙子《おとご》村では小猟船二艘が風に吹き上げられて破損している。二一日の場合は、一七件が四端帆以下の船の事故である。牛窓村庄屋三平の書上によれば、この日牛窓湊では、四端帆二艘、三端帆二九艘、二端帆一八艘、小猟船二艘、計五一艘が破損した。他に岡山藩の小早一艘、幕府の御用を勤めるために用意されていた御朱印飛脚船二艘、家老日置猪右衛門の飛脚船一艘、計四艘も牛窓湊で破損している（事故としては以上で一件）。邑久郡新村（現岡山市）川辺では、高瀬船二艘が破損している（事故としては一件）。一艘は同郡福山村（現瀬戸内市）の船で、大風に「速《そく》と」（即時に）砕けた。もう一艘は上道郡百枝月《ももえつき》村（現岡山市）の船で、「かわら」（船底材）が壊れた。両船は、上道郡西崎村（同前）・内ヶ原村（同前）の年貢麦を岡山へ運ぶ途中であった。いずれも極《ごく》近距離の輸送に従事する小型船だ。こうした船が多数被災したのだ。

備讃瀬戸の難所

備前・讃岐で起きた事故の発生地を見ていると、通行の難所と呼べる場所が浮かんでくる。巻頭の図3を参照しながら読んでいただけると幸いだ。

備前では、まず下津井周辺。その西方では、水島辺りから「のうし島」（濃地島《のうじ》）にかけて。「のうし島そはえ」と記す例も少なくない。その近くでは、「通生《かよう》村の内長そはへ」や「下津井西崎沖」と記すものもある。「水島渡《わたり》」というのも数例ある。「下津井瀬戸」

では、「六口島《むくち》」「釜島瀬戸」「松島のはな」などがある。「下津井瀬戸で破損」とだけ記すものもある。この海域の讃岐側は、塩飽諸島である。「塩飽島」とだけ記す例もあるが、「手島」「広島」「牛島」「砂弥島《さみ》」と記すものもある。

下津井から日比沖を東に進むと直島諸島に当たる。ここは讃岐国。島々が入り組んでいる。「京《きょう》の上臈島《じょうろう》」で破損する船がある。備前側は、「石島《いしま》」「筏島《いかだ》」「出崎《でさき》のそはへ」で事故が起きている。

児島から東に進むと邑久郡。「久々井《くぐい》」や「宝伝《ほうでん》」の沖で事故がある。その南は「犬島」。ここも事故の多い所だ。「犬島いわしのそはえ」「犬島の内竹の子島」と記す例もある。さらに南は讃岐国。「豊島《てしま》」、「小豆島」も事故が多い。「男木島《おぎ》」では讃岐渡りの備前船が遭難している。

先にも見たように、牛窓沖も事故の多い所だ。「向島」（前島）が特に多く、「木島」（黄島）や「尻海沖」、「鼠《ねずみ》島」での事故もある。日生諸島での事故も多い。「鴻《こうのしま》島」「頭《かしら》島」「鹿久居《かくい》島」「鶴島」「大漂島」（大多府島）に打ち上げられる船がある。

こうしてみると、備讃瀬戸の広い海域で事故が起きていることがわかる。

延宝三年一一月二八日、小串村庄大夫は親子二人で「もは（藻葉）」採りに出て行方不明になった。一門の者が行方を探していると、一二月三日に小豆島の琴塚《ことづか》に破損船が漂着した。船道具から庄大夫船に間違いなかった。近辺を随分探したが、死骸はついに見付からなかった。備讃瀬戸では小猟船の事故は少なくない。

延宝八年三月九日、塩飽砂弥島で備前船二艘が遭難した。その内の一艘は上道郡中川村（現岡山市）の夫兵衛船四端帆で、讃岐渡海の二六人が乗っていた。児島郡北方村の又右衛門船四端帆には、金比羅《こんぴら》参詣の三六人が乗っている。夫兵衛船の讃岐渡海人も金比羅参詣人だろう。「江戸時代前期の物流」の章で詳しく述べるが、備讃瀬戸では金比羅参詣船の事故も多い（188ページ）。

船同士の衝突事故

備讃瀬戸の難所では船同士の衝突事故も起きている。これは他の海域の難所でも同じことだ。

延宝二年一〇月六日の午後二時頃、「小島渡」で廻船同士の衝突事故が起きた。大坂伝法村吉兵衛船一七端帆一二人乗りは、豊後加賀地浦（現豊後高田市）から大坂へ幕府城米を運んでいた。他方、肥前大道村七郎兵衛船一三端帆八人乗りは、筑後諏訪浦（現大牟田市）から大麦小麦七三〇俵を積んで、大坂に向かっていた。この両船が水島渡に差し掛かった時、にわかに雨風が強くなり、辺りは真っ暗になった。両船とも帆を下げ、必死に船を制御しようとしたが叶わず、方角を見失って衝突した。吉兵衛船は表廻りのあちこちが傷み、鉄碇も一丁が捨った。七郎兵衛船は艫《とも》（船尾）の大継板《つぎいた》が壊れて水船になったので、積荷の一部を刎ね捨てた。破損箇所から見れば、吉兵衛船が七郎兵衛船に追突したのだろう。船からの連絡で下津井村から浦船が出て、救助にあたっている。

延宝四年一一月朔日夜一二時頃、風と潮が悪しく、児島出崎と京の上﨟島の間で、備後国鞆浦孫兵衛船六端帆五人乗りと和泉国堺喜左衛門船一四端帆一〇人乗りとが衝突した。鞆の船は小船であったため、「みよし・上たな・台垣」が痛み、水船になった。「水押《みよし》」は船首のこと。「上棚《たな》」は船腹に張る船板の最上部。「台垣」は上棚の上に立てる柵。堺の船は「高荷」積みであったので、その上に鞆船が乗り懸かり、垣廻りが痛んで鉄碇一丁が捨《い》った程度であった。堺船から橋船を出し、鞆船の乗り人を助けている。破損した鞆船は石島《しま》に漕ぎ寄せ、船粕《ふなかす》（難破船の残骸）などは胸上村から猟船が出て、拾い集めた。

貞享二年（一六八五）六月二〇日の暁方、伊予国有田村（現西条市）七兵衛船六端帆三人乗りが、備前の犬島沖で二〇端帆ほどの廻船に馳せ当てられ破損してしまった。当てた船はそのまま急に逃げたので、どこの船かもわからなかった。運良く堺の船が通り合わせ、乗り人を救助して小豆島の大部《おおべ》浦に揚げてくれた。翌日破損船を見付け、犬島の役人に小早三艘を借りて、犬島釜の内に漕ぎ寄せさせている。馳せ逃げした船は、わからずじまいであった。

衝突の補償をめぐり出入（紛争）になることもあった。延宝七年七月、薩摩国の安左衛門船と伊予国今治《いまばり》の与兵衛船が、児島吹上《ふきあげ》村（現倉敷市）沖で衝突した。下津井在番役人の大口平左衛門は両者から言い分を聞いたのち、吹上村庄屋伊兵衛に曖《あつか》いを命じた。江戸時代の法慣習では、民間人同士の紛争は民間人が間に入って仲裁するのが一般的で、これを「曖い」と言う。また、曖いにして紛争を解決することを「内済《ないさい》」と言った。伊兵衛が両者の言い分を聞いたところ、薩摩船に伊予船が誤って流れ懸けたことがはっきりした。そのため、伊予船の与兵衛から薩摩船の安左衛門へ、樽代《たるだい》（見舞金）として銀二〇〇匁を渡すことで内済になった。吹上村庄屋・年寄宛に両者から内済を受諾する証文が出され、一件落着となっている。海辺村の村役人は、難船救助だけでなく、こうした内済の役割を果たすこともあったのだ。

　備讃瀬戸は阻《そわえ》や洲《す》も多く、潮流も複雑で速い。大型の廻船は操作も難しく、衝突事故を起こしている。当時の衝突記事を読んでいると、現代の自動車事故と寸分違わないと思われるのではないだろうか。

太平洋での事故

大坂・江戸航路の事故

大坂・江戸間の航路は、東廻り航路や西廻り航路より早く、江戸に幕府が開かれた慶長年間から開発が進んだ。幕府が寛永一三年（一六三六）八月に出した海難救助の「定」も、江戸・大坂間の航路を対象としたものであった（65ページ）。

ただし、この航路は風向きに左右される海域が多く、海難事故も絶えなかった。先の表9では、二八件の事故が確認される。

ただし、この二八件には江戸航路以外に土佐国で起きた事故が二件含まれているので、先にそれについて見ておきたい。延宝八年（一六八〇）閏八月五日に起きた土佐国幡多《はた》郡下ノ茅《しものかや》（現土佐清水市）での事故である。この日の夕方五時頃からにわかに風雨が強まり大水が出て、牛窓村小八郎船八端帆四人乗りと同村惣大夫船九端帆五人乗りとが磯に吹き上げられて破損したのだ。浦手形によれば、湊内に居た数艘の他国船および当国（土佐）船・地下船《じげ》（同地の民間船）も破損したという。時期的にみて、台風による海難事故だろう。この船は土佐の請山から薪を積んでいた。このことは「江戸時代前期の物流」でも触れる（223・228ページ）。

この二件を除く二六例が大坂・江戸航路での事故である。以下、海域を分けて状況を見ておこう。

紀伊水道から熊野灘へ

紀伊水道を抜けて江戸に向かう船は、周参見《すさみ》（現すさみ町）に寄港する。ここで日和をみて、紀伊半島を廻っていく。周参見での事故は三件確認できるが、そのうち寛文一三年五月一四日の事故が二件。新暦では六月二八日にあたる（野島一九八七）から、台風には少し早いか。日比村長太夫船一三人乗りは、江戸へ塩を積んで下るため、五月七日に周参見に入った。しかし、日和が悪しくそのまま留まっていたところ、一四日の午後一時頃から大時化《おおしけ》になり、夜半に難破してしまった。その時、船頭・水主とも一二人が亡くなり、水主一人が「十死一生の躰」で助かった。同じく周参見に留まっていた小串村又大夫船一六端帆一二人乗り（沖船頭八右衛門、本船主は岡山灘屋半十郎）も破損し、五人が亡くなり、七人が助かったが、「皆々手おい、今に用立たず」という状況であった。「周参見宿八助」の書状によれば、この日周参見浦に停泊していた船は一三六艘あったが、その内助かったのは一四艘のみで、一四三人が亡くなった、ということである。

周参見周辺では、延宝三年一〇月朔日に三艘の備前船が遭難している。牛窓村与大夫船一六端帆一〇人乗りと日比村藤左衛門船一七端帆一二人乗りは、この日、口熊野笠甫《かさほ》浦（現白浜町）に停泊していて、夜半過ぎに大北風・大雨・大波に破損した。日比村長太夫船一七端帆一一人乗りは、牟呂《むろ》郡里ノ浦（里野《さとの》、現すさみ町）に停泊していて、やはり大北風に破損している。水主の内かしき一人が亡くなった。「かしき」は炊事係。加子の内最年少の者が務めた。この三艘は江戸からの戻り船で、家中荷物などを積んでいた。

天和二年（一六八二）正月四日、郡村清左衛門船一二端帆六人乗りは紀伊熊野橋杭《はしぐい》浦（現串本町）を出船した。江戸へ岡山藩米を運んだ帰りに、家中荷物などを積んで国許に戻る途中であった。その夜日高郡比井御崎《ひいみさき》沖（現日高町）で大東風に吹き当てられた。ちょうど紀伊水道の入口辺りだ。やむなく小浦崎に懸かっていたところ、夜半過ぎに大西風に変わり、類船と衝突して、水船になってしまった。

紀伊半島の先端串本を廻ると、いよいよ熊野灘に出る。天和元年七月三日、日比村治左衛門船一八端帆一二人乗りは、紀伊大島の沖四、五里の所で大北東風に流されてしまう。

午後六時頃には大時化になり、大島湊に避難しようとしたが、湊口で難破してしまった。口熊野大島村庄屋作左衛門の浦手形によれば、その夜は多くの廻船が難風に遭って吹き流され、湊の中でも破損船が多数あったという。台風による被災だろう。

岡山紺屋町助大夫船一五端帆九人乗りは、同年六月晦日に志摩国ありの浦（安乗《あのり》・現志摩市か）を出船したが、天気が悪かったので七月三日に熊野九木浦（九鬼《くき》、現尾鷲《おわせ》市）に戻ってきた。そこで先の台風はしのいだ。そのまま同地に留まっていたところ、七月二〇日の大時化に、湊内に懸かっていた塩飽の船二艘の碇が当たり、沈没してしまった。やはり台風だろうか。この事故で水主一人・かしき一人が亡くなっている。

貞享三年（一六八六）二月二九日に難破した厚村又左衛門船一六端帆一二人乗りも、江戸からの戻り船であった。この日昼頃、熊野九木の三町ばかり沖でにわかに「山北風」に吹き掛けられ、帆が裂け、船を馳せ倒されてしまった。橋船に乗り移ったところ、九木浦から鯨船三艘が出向いて来て、救助されている。

志摩国から遠州灘を目指す

熊野灘を越えると志摩国だ。ここから渥美半島沖を越えて真直ぐに遠江に向かう。延宝三年一一月八日に遭難した北浦村四郎大夫船一六端帆一二人乗りの場合、行程が比較的よくわかるので紹介してみよう。四郎大夫船は備中倉敷代官所の城米五四〇石一〇八〇俵を積み込んで、同年九月五日に備前大島浦（現倉敷市）を出船した。同日晩下津井湊に入り、七日出船、その後瀬戸内諸所に潮懸かりして、九月一九日に紀伊比井浦に入船。「懸かる」は湊に留まること。「潮懸かり」は潮待ち（潮の流れが良くなるのを待つ）をして停泊すること。ここまでに半月掛かっている。比井浦を出船したのは九月二七日、同日晩に周参見に入り、翌二八日出船、同日に紀伊大島に入船する。しかし日和がなく、逗留していたところ、一〇月朔日に大雨風になり、米俵が濡れてしまった。濡れ俵は陸に揚げ、乾いた俵に入れ替え、大島浦庄屋に浦手形を出してもらった。一〇月九日になって大島浦を出船、同日浦神《うらがみ》浦（現那智勝浦町）に入船、一二日に出船、同日紀伊勝浦（同前）に入る。一〇月二一日勝浦を出船、同日二木島《にき》（現熊野市）浦口に懸かり、二二日早田《はいた》浦（現尾鷲市）に入船、二三日出船、同日九木浦に入る。一〇月二九日に九木浦を出船、同日三浦（現紀伊長島町）に入船した。三浦は一一月三日に出船、同日古和《こわ》浦（古和、現南伊勢町）口に懸かり、四日に出船、同日夜半時分に志摩畔乗浦（畔名か、安乗か）口に懸かり、五日に的屋浦（的矢《まとや》、現志摩市）に入船した。紀伊水道を抜けてからここまで、一か月半ほども掛かっている。よほど日和がなかったのだろう。そうしたなかで慎重に航海している様子がうかがえる。一一月七日の午後二時頃に的屋を出船、風向きが良かったのか、遠江国横須賀《よこすか》（現掛川市）沖まで走る。しかし、ここまで来たところで、急に日和が変わり、「ならい風」になって馳せ戻された。「ならい風」は冬に山並みに沿って吹く強い風。この辺りでは北東風だろうか。風雨は次第に強くなり、志摩国まで戻された所で、梶も折られてしまう。ところが今度は「出し風」が強くなる。この辺りでは西風だろう。一昼夜も風任せに吹き流され、八日の夜一〇時頃、志摩国国崎村（現鳥羽市）と相差《おうさ》村（同前）の沖一里ほどの所で強い西風にあおられて水船になってしまった。やむなく橋船に乗り、ようやく相差村の磯に「半死半生の躰」で取り付くことができた。相差村庄屋助右衛門らの口上書によれば、「当浦でも、この日の大風雨で多くの廻船が破損した」という。船は沈没して見付からず、濡れ俵一八八俵を取り上げることができただけであった。

延宝六年七月二九日に熊野はいたの浦（早田浦）を出船した西片岡村七右衛門船一六端帆九人乗りは、晦日の午後四時頃、駿河戸中の沖辺りで「ならい風」に吹き戻され、大雨風の中で積荷を刎ね捨て、ようやく八月朔日の夜半に志摩国の鳥羽湊にたどり着いている。

金岡村弥左衛門船の航海も困難を極めた。弥左衛門船は江戸送りの幕府城米を積み込み、天和元年五月八日に備中国玉島湊を出船。その後日和待ちをしながら進み、六月一二日午前一〇時頃に志摩国安乗浦に着いた。ここでも日和待ちのため二九日まで逗留、晦日の午後四時頃伊豆国を目指して出船する。しかし、日和悪しく、二日間も海上を流された後、七月三日の正午頃紀伊国勝浦に入船した。この時大雨で俵が濡れたため、米を干し、庄屋から浦手形を出してもらった。八月一八日午前四時頃勝浦湊を出船したが、日和悪しく、その日の内に同地に戻る。再び日和待ちをして二三日に出船、二五日午後八時頃に伊勢国廻間浦に入った。二日間日和待ちをして、二八日正午頃に出船したが、日和悪しく、同地に戻る。さらに二日間日和待ちをして九月朔日の午前六時頃出船したが、やはり日和悪しく、再び同地に戻った。五日まで日和待ちをし、六日は日和も良さそうに見えたので、朝六時頃に伊豆国下田を目指して出船した。しかし、「渡間通り」七、八里沖で急に風波が強くなり、「筒せき船はり二本」が打ち抜かれ水船になってしまう。「筒せき」（筒関）は帆柱を立てる「筒」を設ける場所で、ここに渡されている船梁が折れたのだ。乗り人はやむなく橋船で陸を目指し、同日午後八時頃に安乗浦に揚がることができた。その後のことは「江戸時代前期の物流」の章で述べる（199ページ）。

遠州灘から伊豆半島へ

渥美半島を越えて遠江国に入っても油断はできない。北浦村六大夫船一六端帆一一人乗りは、延宝二年一〇月八日の朝六時頃紀伊国九木浦を出船、正午頃に「中西難風」に遇い、志摩国大王崎《だいおおざき》（現志摩市）沖で夜を明かした。翌九日正午頃から遠州灘に乗り入れたが、暮れ六時頃から風が「南難風」に変わり、夜中であったために「山のつなぎ」（目当てとなる山）を見失い、午前二時頃に遠江国西島（現浜松市）沖の洲に乗り上げて破損している。

遠州灘での事故は、実は戻り船の場合のほうが多い。延宝六年九月八日に江戸を出た小串村五左衛門船一六端帆八人乗りは、一三日の昼前に「難風大雨」に遇い、遠江国長屋村（長谷・現掛川市か）沖一里ほどの所で水船になった。日比村平太夫船一六端帆一一人乗りの場合は、もう少し詳しく行程がわかる。平太夫船は延宝八年一二月二〇日に江戸を出船、同日浦川（浦賀か）着。二二日同地出船、その日の内に鎌倉三崎に入る。ここで役人による改めを受け、翌延宝九年（九月二九日に天和と改元）正月七日に三崎出船、同日「あちろ浦」（伊豆国網代《あじろ》）に着く。同地を出たのは二八日で、同日中に伊豆国下田に着く。再び番所で改めを受け、二月朔日の晩に下田を出船したが、夜半過ぎに遠江国の「御前崎《おまえざき》沖御前と申すそわい」に馳せ上げ、水船になってしまった。

天和二年には戻り船の事故が二件記録されている。天和元年一一月二二日に江戸を出た小串村又大夫船一六端帆一一人乗りは、翌天和二年正月二九日の夜に遠江国掛塚《かけつか》沖（現磐田市）で破損している。五月一四日に江戸を出船した小串村吉郎右衛門船六人乗りは、一九日の正午頃「大南風」に遇って、遠江国堀村（現浜松市）前で破損した。

江戸からの戻り船の場合、伊豆半島から遠州灘にかけてが難所であったことがわかる。他方江戸に向かう下り船の場合は、先に見たように、遠州灘から吹き戻されて志摩国で難船になっている。

伊豆半島沖

伊豆半島での事故も戻り船の場合がある。牛窓村助三郎船も江戸からの戻り船で、延宝五年四月一五日に伊豆国「小浦」（子浦《こうら》、現南伊豆町）を出船した後、沖合で大波に遇い、船梁二本が抜けて積荷が濡れたため、同国二木島浦に入船している。郡村新右衛門船一二端帆六人乗りは、天和二年五月一六日に江戸を出船、一八日の正午頃に伊豆国下田湊を出て、伊勢国大山口を目指していたが、「南風」に後へ戻され、二〇日の朝伊豆国子浦に着いたが、二四日夜大風に船が破損し、水主一人が果てた。

次の例は、江戸への下り船の場合。郡村左次兵衛船は延宝六年九月二九日に志摩国鳥羽を出船、伊豆国を目指していたところ、沖合で「西風」が強くなり、伊豆国入間《いるま》村（現南伊豆町）沖で梶をおろし、荷物を刎ね捨てて中木《なかぎ》（同前）口に流された。村から猟船四艘が出て、湊の内に引き入れてくれたので、助かっている。

伊豆半島を廻って、相模湾から江戸までの航路での事故は、「御留帳御船手」には記録がない。日和さえよければ、比較的安定した航路だったのだろう。

漂流・漂着事件

大坂・江戸航路は、陸を離れて海上を航行する距離が長く、風向きに左右されることも多い。そのため、海上で難風に遇って浪間に漂い、離島に漂着することも少なくなかった。そんな事例についても紹介しておこう。

三宅島・御蔵島への漂着

郡村小太郎船一六端帆一〇人乗りは足守藩の預け船である。藩の御用荷物を積んで、寛文一二年（一六七二）一一月六日に小串村を出船した。同月一七日晩に志摩国の安乗浦に着き、翌一八日朝に安乗を出船する。ところが、昼頃に「大西風」に遇い、「表の五尺板」を打ち離されたので、やむなく積荷を刎ね捨てた。そのまま一九日の昼頃まで風波にもまれ、「船身」が持たないと思い、帆柱を切った。帆柱を切ると自力走行ができなくなるので、漂流する。さらに夜半時分には

「戸立《とだて》」の釘が離れたので、碇を引かせて船を制御しようとしたが叶わず、ついに水船になってしまった。戸立は船体後面に張る幅広の板。午前二時頃に「いぬいノ方」(北西方向)に島影が見えたので、本船から橋船に乗り移り、櫓五丁で島を目指した。三里ほどもあっただろうか。八時頃に浜に着くと人が集まってきた。三宅島の坪田浦であった。翌二一日坪田浦の者に連れられて伊谷《いだに》の奉行所に行く。その後再び坪田浦に戻り、橋船・櫓五丁を金二歩二朱に売り払った。三宅島には一二月二日まで逗留し、三宅島名主与三兵衛の船で一二月一一日に伊豆国下田に着く。幕府の下田番所で改めを受け、浦手形をもらい、沖船頭小兵衛と水主孫右衛門の二人は江戸に向かい、残りの八人は郡村に帰った。一二月一九日に江戸に着いた二人は、岡山藩・足守藩および幕府代官の取り調べを受け、追加の書付も提出して、許された。江戸滞在中二人は足守藩屋敷の長屋に居て、食事も給され、戻りの路銀として金一両一歩を借し与えられている。一二月二三日に江戸を発った二人は、翌年正月一六日に郡村に帰った。下田から帰った八人は、それより先の正月三日に帰り着いている。

次の二艘は江戸からの戻り船であった。日比村善五郎船一八端帆一一人乗りと日比村久兵衛船一六端帆一〇人乗りは、延宝七年(一六七九)正月一六日の夕方四時頃、連れだって伊豆国子浦を出船した。しかし、明けて午前四時頃伊勢沖辺りまで来たとき、急に「大西風」になり、両船とも吹き戻されてしまう。ここまでは両船の動きは同じだが、その後は大きく違った。

まず善五郎船を追ってみよう。善五郎船は、「大西風」に吹き戻されているうちに、朝八時頃大波を受けて「中棚《なかだな》」が振り裂け、水船になった。中棚は、船腹に上中下の三段に張る棚板の中位の部分。やむなく橋船に乗り移り、ようやく二〇日の昼時分に三宅島の坪田浦に流れ着いている。坪田浦の村人に助けられた沖船頭太郎助および水主たちは、二一日に伊谷村代官の改めを受け、二〇日から二八日まで九日間の扶持《ふち》（生活費）を代官から与えられた。そののち、橋船一艘・櫓五丁を金一歩一ツ・銀一〇匁で売っている。正月二八日午前一〇時頃伊谷村佐左衛門船を便船として三宅島を発ち、二月朔日江戸に着いた。運賃として銀三六匁を払っている。江戸では岡山藩屋敷で僉儀《せんぎ》（取り調べ）を受け、九日江戸を発って陸路で国許に向かった。

他方久兵衛船は、鳥羽沖三里ほどまで来た時、やはり同じ頃に「大西風」に遇い、夕方四時頃に「中棚」を波に裂かれて水船になってしまった。橋船に移った久兵衛たちは、二〇日の昼頃に三宅島より南の御蔵島《みくらじま》に漂着している。浜に着いた一〇人は人里を探したが、殊の外「難所」で動くこともできない。飢えを凌ぐために浜辺で磯物《いそもの》（海藻・貝・小魚）を取り、山に登って蔦葛《つたかずら》の根を掘って食べた。二月二七日まで三七日間浜で暮らしていた。この日在所の者が用があって浜に来て、見付けてくれた。そして一〇人を名主七介の所へ案内した。七介は一行を不憫《ふびん》がり、空き家に入れて喰い扶持（食料費）をくれた。しかし三宅島に向かう便船もなく、四月一四日まで御蔵島に留まった。一四日になって三宅島の猟船が来たので、この船を借り受けて同日昼時分に三宅島に着いた。ここでは同じように代官の改めを受け、名主与三兵衛から浦手形をもらった。この日から五月朔日まで扶持を与えられて、三宅島に留まっている。同日便船で下田に渡り、番所の改めを受けた。「別条なし」ということで、国許に帰るように仰せ付けられた。五月四日に下田を出て、陸路を通り一三日に伏見に着いた。ここで岡山藩役人に僉儀され、大坂に逗留したのち、六月三日に在所に帰り着いている。類船の太郎助たちが帰り着いて四か月近くが経っていた。安否を気遣っていた家族は驚き、喜んだに違いない。両船ともに全員無事であったのは、幸運としか言いようがない。

伊豆大島への漂着

大島は、伊豆七島のうちでも半島に最も近い島である。この島に漂着した備前船もある。金岡村善兵衛船一二人乗りは、江戸へ津山藩米一二〇〇俵余などを運ぶ途中、延宝二年正月一〇日の午後二時頃に伊豆国色崎（石廊《いろう》崎《ざき》）沖で大波風に遇い、伊豆国に取り付くことができず、沖合に流され水船になってしまった。やむなく帆柱を切り、積荷を刎ね捨てた。翌一一日の朝六時頃大島の二ツ根という磯に流れ着いたが、大波のため本船を救うことができず、橋船に乗り移って磯伝いに人里を探していたところ、一里ばかりの所で村人に見付けられ、「はぶ」（波浮）という磯に助け上げられた。その後一八日までは大風が吹き詰めた。一九日になって、所の船二〇艘、海士《あま》二一人、村人二〇〇人余が出て、米五四〇俵を取り上げ、二二日には船七艘、海士二一人、村人七〇人が出て、捨り米五〇俵、他に船具・綱碇などを取り上げてくれた。さらに一〇日ほどが過ぎ、二月二日に沖船頭の吉兵衛は水主一人を連れて大島を出発、一一日に江戸に着いて、津山藩屋敷に注進した。津山藩では早川弥次右衛門ら五人を吉兵衛に付けて大島に遣わす。一行は二月一六日に江戸を発ち、二〇日に大島に着いた。現地で状況を確認し、偽りがないということで、水主一〇人は下田から国許に帰される。取り上げた米や船具などを売り払い、大島名主には幕府法で定められた一〇分一の謝礼と、逗留中に長屋を借りた礼物《れいもつ》なども払っている。吉兵衛と水主一人は再び江戸に行き、浦手形を津山藩に提出した。吉兵衛は国許で岡山藩の奉行方に浦手形を出さなければならないので、返してくれるように頼んだが、津山藩の役人は積荷などの証拠だと言って返してくれなかった。早川は交通費として金一両二歩を借してくれたが、岡山藩江戸屋敷ではこちらから借すから返上するように言われたので、その通りにした。岡山に帰って居船頭善兵衛と沖船頭吉兵衛が連名で船手に出した口上書の日付は四月七日になっているから、この頃には無事に帰国できたのだろう。船手には浦手形の写しを出している。

伊豆大島に漂着する船は多かった。島の名主や村人の対応も慣れたもので、比較的スムーズに難船の処理と帰国への道筋が付けられているように見える。

土佐国への漂着

熊野灘沖で遭難し、西方に流されて土佐国に漂着した船もある。

延宝五年八月二二日、金岡村市右衛門船一六端帆一〇人乗りは、江戸への塩一五〇〇俵を積んで邑久郡乙子村を出船した。九月二三日には志摩国英虞《あご》湾の浜島浦に入津し、翌二四日に同浦を出ている。しかし、暮れ頃から「出し風」に替わり、帆桁が折れてしまう。この辺りの「出し風」は北東風だろうか。大風大波にすぐにも船が破損しそうな様子であったので、積荷を捨て、五日間も海上を彷徨《さまよ》った後、二九日に土佐国足《あし》摺《ずり》半島の津呂《つろ》（現土佐清水市）沖に流れ着いた。津呂浦から漕ぎ船二艘が出て、湊の内に漕ぎ入れてくれた。浦奉行と庄屋年寄の改めを受け、浦手形を受け取っている。

船頭の市右衛門は、津呂浦の庄屋に漕ぎ船二艘の賃金を渡そうとした。しかし庄屋は、こうした「造作《ぞうさ》」（世話）のために藩から銀一貫目を支給されており、賃金は受け取らない定めだと拒んだ。市右衛門は、自分たちは藩から他国の「造作」になってはならないと日頃から命じられており、賃金を受け取ってもらえないと自分たちが迷惑すると頼んだが、「合点《がってん》」（納得）してくれない。浦奉行も賃金を渡すことを認めない。やむなく「一礼」として一艘につき酒五升を調えて遣わした。

そののち船に残っていた塩を売り、帆桁一本を買い調え、修理した自船で岡山に帰った。市右衛門が岡山藩船手に出した口上書の日付は閏一二月二四日だから、この頃までに国許に帰ることができたようだ。岡山を出発してから、五か月後のことであった。

さまざまな事故・事件

これまでは大雨風による難船事故について述べてきた。「御留帳御船手」にそうした記事が多いことは確かだが、それ以外に病死や転落事故、火事などの記載もある。それらについても、ここで紹介しておこう。

長い船旅の間には、体調を崩して病死する者もある。金岡村の沖船頭清九郎は、金沢藩の大坂廻米を請け負い、延宝四年五月二日に加賀国安宅浦を出船した。それより越前国三国、丹後国間人《たいざ》（現京丹後市）を経て、五月二八日に出雲国鷺浦（現出雲市）に着く。ここに滞留中の六月七日、清九郎は激しい腹痛と寒気に襲われたので、同所の宿主を頼って出雲大社の医者養庵の療治を受けた。八日から一四日まで薬を服したところ、快復したので同日昼過ぎに出船し、一五日の夕方四時頃に石見国瀬戸島《せとがしま》（現浜田市）に着いた。しかし、風に当てられたためか、ここで清九郎の病気が再発する。一七日午後二時頃、同地の浦奉行に断って柴田宗弥という町医者の療治を受けた。薬を飲んだが嘔吐が止まらず、一八日朝八時頃に亡くなった。三四歳であった。清九郎は真言宗であったので、同地の宝福寺を頼って弔ってもらった。瀬戸島の番所役人・庄屋には何かと世話になった。帰国後清九郎の弟又十郎の報告を受けた岡山藩船手は、浜田藩浦奉行に礼状を遣わしている。

邑久郡宿毛村久右衛門船の沖船頭仁大夫は、塩を積んで大坂に入津した後、浜で水浴びをして宿に帰り、食事をして休んだところ、そのまま息絶えてしまった。宿主の法花伝次郎が医者針立《はりたて》（鍼《はり》医者）を呼んでくれたが、頓死《とんし》（急死）に間違いないとのことであった。岡山藩大坂留守居今西半内の指示で弔いが行われている。法花伝次郎の口上書の日付は延宝八年五月二一日である。

岡山内田町長兵衛船六端帆二人乗りは、小商売のため明石・大坂と廻り、延宝八年一〇月八日の晩に紀州和歌山に着いた。ここで加子の長右衛門が病気になったため、宿阿波屋勘右衛門を頼り、医者を呼んで薬を飲ませたが、一八日に亡くなった。和歌山藩奉行に届けて、正住寺という寺で土葬にした。一一月五日に岡山に帰った沖船頭の加兵衛は、「所の造作には一切預からなかった」という口上書を船手に提出している。

江戸に連れられて行っていた小者《こもの》などが病気になり、岡山に帰される途中に死亡する事例もある。江戸屋敷で西浦源左衛門に召し使われていた五兵衛は、病気になったために国許に送り帰されたが、途中浦賀で延宝八年正月七日に亡くなった。所の浄土宗法幢寺で土葬にし、費用は五兵衛の所持銀の内から支払っている。江戸屋敷に遣わされていた小人《こびと》

（小者）の清九郎と八右衛門、および中村源右衛門下人作兵衛の三人が病気のため同じ船で岡山に帰された。その内清九郎が三浦半島の三崎で亡くなり、法華宗大乗寺で土葬にされている。三浦三崎宿吉左衛門の覚書の日付は延宝八年六月二三日である。

次の事例はちょっと変わっている。江戸石町呉服屋左次兵衛手代清兵衛が隠岐《おき》国に流人《るにん》として送られる途中、船中で病死した。その知らせが貞享二年三月朔日に牛窓村庄屋弥右衛門の所に届く。弥右衛門は牛窓番役松島丘大夫の指示を受けて、法花宗本蓮寺で土葬にして弔った。礼銭は断ったが、江戸からの仕来りだと言われて、仕方なく受け取り手形を認《したた》めて渡している。

次は転落事故。天和三年（一六八三）三月二日のことだ。磐梨《いわなし》郡寺地《てらじ》村清三郎は妻と四歳の娘と一緒に片上村彦兵衛船に乗って大坂に向かっていた。清三郎は毎年笈《おい》を多数持参して大坂で売りさばいていた。「八ツ時分」とあるだけなので、昼間か夜中かわからない。明石沖で妻が娘を懐《ふところ》に抱いて「ともの出しの上」に「小用」に出たところ、「とうゐ」を踏み外して二人とも海に落ちてしまった。「出し」は艫のせり上がった板張りの部分。「とうゐ」は踏み板か。清三郎も付き添っていたが、波風が烈しくて二人はそのまま沈んでしまった。沖船頭善四郎および夫の清三郎が、それぞれ岡山藩大坂留守居の俣野助市に口上書を提出している。

最後に船の火事。西大寺村の松右衛門は、延宝六年秋に浅越村《あさごえ》（現岡山市）善九郎から二端帆の船を買った。翌延宝七年二月二七日、この船に沖船頭八兵衛が乗って邑久郡宿毛村へ麦を積んで行った。夜になって陸に上がると、その後に「火床《ひどこ》」（船の炊事場）から火が出て、船が燃えてしまった。八兵衛は宿毛村庄屋吉兵衛から手形を取り、松右衛門から報告を受けた西大寺村庄屋又右衛門はこの船の「御帳外《はず》し」（船改めの帳面からはずすこと）を船手に届け出ている。

江戸時代前期の物流

物流のあり方

江戸時代のヒトやモノの移動は、徒歩や馬などで陸上を行くか、船で海上を行くかのいずれかであった。陸上を行く場合は、海上に比べて安全だが、一度に大量のモノを運ぶことはできない。海上を行く場合は大量のモノを運ぶことができるが、事故の確率が高い。天候に左右されるので、予定以上に期日が掛かってしまうこともある。逆に、天候に恵まれれば、陸上より早く行くことも可能だ。そのためヒトの移動は陸上が主となり、モノの移動は海上が主となった。

では、船によるモノの移動はどのように行われていただろうか。江戸時代前期の様子を少し具体的に見てみよう。

船で運ばれるモノには、幕府や藩などの御用（公用）荷物と民間の商人が扱う商用荷物とがある。ただし、御用荷物を運んだのは多くが民間の船であった。藩の所有する船は軍船か、軍船を兼ねた客船で、荷物を運ぶ船はほとんどなく、せいぜい荷物の積み降ろしをする小荷駄船があるくらいであった。だから、モノを運ぶ船は荷物の内容にかかわらず大部分が民間の船であったのだ。

御用と商用

御用荷物の中心は、米である。江戸時代の経済は、百姓から取り立てられる年貢米から成り立っていた。年貢米はそのまま食料などとして消費されるとともに、売却されて貨幣による支出に当てられた。江戸時代前期には、地方の米市場はまだ小さく、米価も安値であった。大量の需要が見込めたのは、京都や畿内諸都市の消費がある大坂か、首都としてますます拡大を続けていた江戸である。そのため、各地の藩や幕府領から多くの米が大坂や江戸に運ばれた。岡山藩の廻米の総量を示す数字は今のところつかめていない。天和元年（一六八二）の九月二八日から一一月二〇日までの大坂廻米高（大唐米《たいとうまい》・次米《つぎまい》）が八万八九二二俵、岡山藩の一俵は三斗二升入だから石数にして二万八四五五石余であった（『評定書』）。大坂への廻米は通年にわたって行われているから、一年間の廻米量はもっと多い。大唐米（赤米）や次米（継米、飯米）以外に上米《じょうまい》も輸送されていたはずだ。時代がかなり飛ぶので比較はしにくいが、弘化二年から四年まで（一八四五～四七）三年間を平均した大坂廻米量が一年間に一七万俵・五万四四〇〇石という数字が知られる（「留帳」）。江戸への廻米量の全体を知る手掛かりは残念ながらない。

御用荷物を運ぶ役を課すために、加子浦《かこうら》が設定されていたことは「瀬戸内海の交通環境」の章で述べている（34ページ）。加子浦からは加子とともに船も徴発されたが、御用荷物の輸送には運賃が支払われた。表13は、この時期の岡山藩の江戸廻米の運賃を示したものだ。このうち延宝五年（一六七七）の記事によれば、前年までは米一〇〇石につき銀五〇〇匁であったが、今年は米価が下がっているので、四五〇匁を本銀とし、その一割増しを遣わすとある。四五〇匁を基準に米価の高下によって増減させたことがわかる。この時期の岡山城下での米価は一石四五匁から六三匁くらいで変動しているから、江戸までの運賃は積荷の米のおよそ一〇%から七%くらいであったと言えそうだ。

表13　江戸廻米運賃
（米100石につき）

年月日	運賃(匁)
寛文 8年 9月21日	540
寛文 9年 4月21日	480
寛文11年 1月29日	450
延宝 1年 2月21日	460
延宝 5年 8月晦日	495

註）『御留帳評定書』『御留帳御船手』より作成.

他方、大坂廻米の運賃は寛文一二年（一六七二）の場合がわかる。この年の大坂への上米一二万三五二三俵と大唐米一万五九九二俵の運賃米が合わせて二七九〇俵であったから、運賃が積荷の約二%である。大坂までの運賃は江戸までの四分の一か、五分の一。江戸への廻米が距離・日数も長く、危険度も高かったからだろう。江戸時代初期の寛永中期頃のことだが、秋田藩の大坂廻米の運賃が積荷の一二％から一四％であったとのこと（豊田・児玉一九七〇）。運賃は全体の廻米量が増えるにしたがって安くなっているが、基本的に距離・日数に比例していたのだろう。

岡山藩では、藩として荷船を建造し、その船で廻米する計画を立てたことがあった。寛文八年六月二一日の評定で船奉行から次のような提案がなされた（『評定書』）。仮に藩として加子一〇〇人を一人につき二人扶持・一〇俵で雇うことにすると、一年に二一二五俵が必要になる。去年冬から当年春までの江戸廻米運賃は二二九二俵であったから、差し引き一六七俵運賃米が余ることになる。藩の荷船を二〇艘作り、一〇〇人の藩の加子で廻米をすることにすれば、加子浦の負担も減らすことができる。二〇艘の藩船の建造費は銀一〇〇貫目余りで済む、というのだ。この件は四年前にも一度議論されたことがあったようだ。仕置家老は船奉行にさらに検討を行うよう指示している。

同年九月二一日には、大坂廻米のための荷船二艘ができたことが船奉行から評定に報告されている。評定では、梶取一人に一艘ずつを渡し、試しに二、三度藩米を積み上せて様子を見ることになった（同前）。しかし、その後のことは「御留帳評定書」にも「御留帳御船手」にもなぜか見当たらない。効率が悪くて結局沙汰止《さたや》みになったに違いない。

幕府城米の輸送

徳川幕府の直轄領は全国各地に散在していた。その総石高は四代将軍家綱の時代（一六五一～八〇）には三〇〇万石余りであった。この幕府領の年貢は「御城米《ごじょうまい》」と呼ばれ、一部が各地の譜代大名の城などに備蓄されたが、多くは大坂や江戸に移送された。城米の輸送を担ったのも民間の船であった。

江戸や大坂への城米の廻送は、江戸時代の初めから行われていたが、多くの危険をともなうものであった。そのため安全な城米輸送のために企画されたのが、東廻り航路・西廻り航路の開発である。このうち西廻り航路については、讃岐の塩飽《しわく》、備前の日比《ひび》、摂津の伝法《でんぽう》・神戸・脇浜などの船を使用することが想定されていた。瀬戸内の船の経験と技術に対する定評が高かったのだろう。寛文一二年、河村瑞賢は出羽の酒田から長門の下関を経て瀬戸内海を大坂に至り、さらに紀伊半島を廻って江戸に至るまで八〇〇里（約三一二〇km）の航路の整備を行い、以後これが城米の輸送路として定着した。

これ以降、幕府は商人の請負による廻米をやめ、幕府が廻船を直接雇う「直雇い」方式とした。そのため、城米廻送船には「官幟」を立てさせ、入港税を徴収している湊ではそれを免除させた〔柚木一九七九〕。ちなみに、この「官幟」が白地に朱丸の「日の丸」のデザインで、以後幕府の船印として定着する〔石井一九九五〕。

当時、北国・西国からの城米輸送に塩飽諸島の廻船が特権的な位置にあったことはよく知られている。塩飽には城米輸送に適した廻船が二二〇艘余りもあり、圧倒的な力量を備えていた〔上村一九九四〕。これらを稼働させるためには島内の加子だけでは足りず、備前児島地方からも多数の加子が出稼ぎとして乗り組んだ〔山本一九九二〕。彼らの行先は出羽が最も多く、越中・江戸がそれに次いだ。豊後・肥後の九州や伊予・備後・備中・播磨など瀬戸内の城米の輸送にあたっていたことも確認されている〔上村一九九四〕。塩飽船が中心となって城米輸送を担う状況は一八世紀前半の元禄・享保期まで続く。

家中御用荷物の輸送

公用輸送としては、藩主家や家中士《さむらい》の道具類などの輸送も重要であった。江戸時代の大名は、一年おきに江戸と国許で交互に居住する参勤交替を幕府から命じられていた。この藩主の通行には多くの家臣が付き添い、藩主とともに江戸で生活した。岡山藩の参勤交替の場合、岡山と兵庫・大坂の間は陸路と海路に分散したが、兵庫・大坂から江戸の間は総勢が陸路を通行した。江戸での生活に必要な物資は基本的に江戸で調達されたが、なかには岡山から江戸へ送られるものもあった。それらのうちには船で運ばれたものも少なくなかった。こうした家中御用荷物は江戸への廻米船に併載されたり、江戸から戻る廻米船に積まれることが多かった。往復の例について紹介しておこう。

寛文一三年五月一四日に日比村長太夫船一八端帆一三人乗りが岡山から江戸に向かう途

中、紀伊国周参見浦《すさみ》で遭難している（120ページ）。この船には塩とともに表14のような家中御用荷物が積まれていた。「殿様」は池田綱政、「隠居」は池田光政、「主税」は分家の池田輝録《てるとし》。当時三人とも江戸滞在中であった。櫃《ひつ》やこも包の他、鯨油などの日常的な生活用品も含まれているが、これらの物は江戸では高値で入手しにくかったのだろうか。「伊《いん》部《べ》物《もの》」（備前焼）が送られているのも注目される。「殿様分」は贈答用だろうか。

次は江戸からの帰りの例。日比村平太夫船は、急ぎの御用荷物と日比村藤左衛門の塩を積み合わせて、寛文一二年九月に岡山を出船、一一月一九日に江戸に着いた。その後積荷の扱いに手間取り、一二月九日に江戸を出船したが、翌寛文一三年正月二五日夜に伊勢国楠浦《くすうら》（現四日市市）で水船になっている。楠浦は桑名へ五里、鳥羽に一七里のところだ。予定の航路よりかなり北に流されている。桑名藩の代官松田九郎右衛門手代種田平左衛門と楠南五味塚村庄屋利兵衛が積荷を改め、「上《あが》リ中荷物改覚」を平太夫に遣わした。その内容を表15に示した。水風呂やたらいなどの道具類、鯨油や伊丹《いたみ》の酒などを運んだ明《あ》け樽（空《から》の樽）が目を引く。

船頭の平太夫は、加子と積荷を楠浦に残し、岡山に報告に帰る。二月八日、平太夫は船手に出頭、事故の経過を記した口上書と「荷物改覚」を提出している。船奉行はそれを仕《し》置家老《おきがろう》に報告し、指示を仰いだ。その指示を受けて歩行横目《かちよこめ》の河原佐助が平兵衛とともに

表14　日比村長太夫船家中御用荷物

宛　先	荷　物　内　訳	備　考
殿様分	伊部物４箱，木綿古単物１箱，干鯛２箱，鯨油７樽	
隠居分	苦１箱，池田炭18箱，醤油11樽，こも包２ツ	
主税分	鯨油５樽，いものくき１俵	
石崎十右衛門	鯨油２樽	伴孫之進ヨリ
箕輪宗悦	櫃１ツ	
瀧七右衛門	櫃１ツ	松尾助八ヨリ
塩川甚左衛門	荷物３ツ	塩川吉太夫ヨリ
加藤甚右衛門	荷物３ツ	
岡田権之助	炭２俵，塩４俵，醤油味噌２樽，葛葉２俵	
藤岡内助	大桶１ツ，炭２俵	
村井弥七	箱１ツ	
山中権十郎	塩１俵，香物桶１ツ，櫃２ツ	
高野勘助	伊部物３ツ	河合千兵衛ヨリ
塩見玄三	櫃１ツ	塩見楢雲ヨリ
川口多左衛門他１名	莚包１ツ	河合源五兵衛ヨリ
石尾喜六	こも包櫃１ツ，干葉２俵	
主税家来４名分	こも包７ツ，鯨油２樽	

註）『御留帳御船手』上より作成.

表15　日比村平太夫船家中御用荷物

宛　先	荷　物　内　訳	備　考
殿様	海月（くらげ）ノ明桶24，鯨油樽8ツ	
主税内森十左衛門	上野吉左衛門ヨリ7ツ，葛ノ葉7固リ	
児島惣二郎	児島弥右衛門ヨリ2固，	
伊木頼母	破樽1固，葛ノ葉2固，小樽1ツ，莚包3固	
細木玄加宿	破櫃1固内ふるい1ツ・やくわん1ツ・張箱1ツ	
淵本久五左衛門	櫃御座包2固，積こも包2固，屛風かたし（片方）	永田所左衛門ヨリ
山内権左衛門	水風呂1ツ銅釜共	
俵屋十太夫	水風呂1ツ内見えず	斎藤左二兵衛ヨリ
山中権十郎	伊丹樽1ツ，油樽1ツ，櫃1固，小樽1固	
梶浦勘助	2固	
荷主知れず	屛風かたし，但し損	荷札なし
片山勘左衛門	明樽1ツ	玉虫孫九郎ヨリ
長谷川次左衛門	莚包1ツ	長谷川権兵衛ヨリ
塩川吉太夫	櫃1ツ	塩川甚左衛門ヨリ
長蔵	たらい1ツ，同手たらい1ツ，おけ1ツ	
高田弥右衛門	1固	二神喜兵衛ヨリ
石野勘兵衛	樽桶1ツ，たらい1ツ	市川多兵衛預り
伊吹新之丞	屛風1包，小樽1固，櫃1固，御座包1固	高須甚六ヨリ
村井弥七郎	莚包1ツ，御座包つゝら1ツ，櫃1固	
彦左衛門	渋紙包1ツ	太田二郎右衛門ヨリ
藤田孫太夫	樽1ツ	尾野喜右衛門ヨリ
山田平兵衛宿	たらい1ツ，いたミ樽1ツ	
市左衛門	櫃1包	小野田源七ヨリ
入沢	こも包板1固	札折れ見えず
安守長左衛門	3固	野勢庄右衛門預り
備中屋前左衛門	池田七右衛門ヨリ1固	野勢庄右衛門預り

註）『御留帳御船手』上より作成．

藩の小早《こはや》で伊勢に出張、現地では世話になった種田や庄屋・年寄に礼金を渡している。荷物も現地で売り払ったようだ。荷物引き上げの二〇分一の礼として銭一貫文、荷物売り払いの二〇分一の礼として銭七五一文を村に遣わしている。御用荷物の輸送に関わることなので、最後まで藩が責任を持って対処した。

運賃積と買積

船によるモノの輸送には、おおまかに言って、運賃積《うんちんづみ》と買積《かいづみ》とがあった。運賃積は文字どおり運賃を取って荷物を運ぶもので、この場合船主・船頭は今で言う運送業者にあたる。運賃は個々の荷物に対して取る場合もあれば、荷主が船を借り切って運賃を払う場合もある。いわば、乗合バスと貸切バスの違いである。しかしこの区別も厳密ではない。藩の廻米などは基本的に船を借り切る形で行われるが、運賃の計算は積荷の量に応じて行われた。

運賃積の場合、船主や船頭と荷主が直接交渉することもあるが、多くは湊の宿《やど》が両者の間を仲介した。特に積合《つみあい》荷物の場合には、宿の果たす役割が大きかった〔森元二〇〇二〕。

延宝三年四月、厚村長右衛門船は大坂で海部屋長兵衛に北国から槙《まき》などの材木を積み廻す約束で船を「借シ」た。船貸切での輸送を引き受けたのだ。しかし、このままでは北国への下りは明け船になってしまう。そこで、讃岐屋久兵衛の肝煎《きもいり》で、六人の商人から下り荷物の輸送を請け負った。内訳は、櫃荷《ひつに》三六箇、莚包《むしろつつみ》こも包物三九、樽《たる》大小三三八丁、荒和布《あらわかめ》一〇丸、所天草《ところてん》三丸、水道石・手水石《ちょうず》・仏石九ツ、であった。「丸」は一まとまりの荷物を数える単位。この時の長右衛門船は、下りは積合船、上りは貸切という業態であったのだ。積合の場合、讃岐屋が積荷の仲介をする宿と考えられる。

もう一つ注意しておきたいのは、長右衛門はこの船の船主（居船頭）で、沖船頭は忠左衛門という者であったのだが、大坂での輸送の約束をしているのは忠左衛門だということだ。運賃積の場合、特に帰り船などは現地で積荷の契約をすることになり、その契約の判断は沖船頭がすることになる。沖船頭が買積をして戻ることもあった。そのため沖船頭は船主が信頼できる家族や一族の者などが勤めることが多かった。

残念なことに、長右衛門船は閏四月一七日の夜、周防国三田尻西泊口で破損してしまう。忠左衛門は急便船で加子一人を大坂に遣わした。六人の荷主からは二人の手代が三田尻に下り、積荷の処分を行っている。この事例はのちにも取り上げる（172ページ）。

他方、買積は、船主が自己資金で買った商品を自分の船で輸送し、自分で売りさばく業態である。この場合、船主は輸送と売買を兼ねた商人であり、扱うモノも多様であったから、今の総合商社のようなものと考えてよいだろう。こうした船持の商人を「海商」と呼ぶ。ただし、この買積の場合も実態は単純なものではなかった。

先に取り上げた日比村長太夫船は、家中御用荷物とともに塩を積んでいたが、この塩は沖船頭の庄兵衛が安芸国高原で買積したものであった。つまり、この船は買積と運賃積の荷物の両方を積んで江戸に向かっていたのだ。延宝六年一〇月二日伊予今治《いまばり》を出船した今治新右衛門船一四端帆は広島藩松平岩松の御用炭一二〇〇俵とともに自分荷物として木綿《きわた》実《ざね》八二俵も積み合わせていた。木綿実は買積にあたる物だ。

延宝二年七月二九日、岡山内田町十兵衛船五端帆二人乗は、岡山の商人の「借シ切」で長門国下関まで荷物を運び、そこから周防国小松浦（現周防大島町）に廻り、小松浦宿仁右衛門を頼って、苫《とま》六五〇枚を買った。苫は菅《すげ》や茅《かや》で編んだ莚のようなもの。それを積んで岡山に戻ろうとした矢先に、八月一七日の大風に破損している。この十兵衛船は、下りは貸切の運賃積であったが、上りは買積であった。運賃を資金に商品を買い込んだのだろう。買積の場合も所の宿が重要な役割を果たしていることは、すでに森元純一が注目しているところである〔森元二〇〇二〕。

荷物に買積と運賃積の区別はあったが、廻船がどのような荷物を積み、どのような業態をとるかは、当時は、極めて流動的であったのだ。

不安定な廻船経営

当時の廻船の業態が流動的であったということは、裏を返せば廻船経営が安定していなかったことでもある。確かに城米輸送に特化していた塩飽諸島には、延宝三年に、八艘総石数六一五〇石の船を持つ丸屋五左衛門や六艘総石数三六〇〇石の船を持つ長喜屋伝助などの大船持がいた（柚木一九七九）。彼らは、当時の瀬戸内地域では最大級の船主だったろう。しかも元禄一六年（一七〇三）には、丸屋五左衛門は一三艘一万一二一〇石に、長喜屋伝助は五艘四四二〇石に船数かまたは石数かを増加させている（同前）。このような拡大の背景には、良好な経営状態を想定しうるが、しかし、両家のような事例は特別であったように思われる。

備前国の場合、船主の持ち船数を個別に示した記録は見当たらない。先に紹介した船年寄の郡屋吉兵衛の持ち船がわかる程度である。表7（45ページ）に示したように、吉兵衛は延宝五年暮に六艘七一〇石の廻船を持っていた。しかし、この年多くの「損銀」が出たため「身躰不如意《しんていふにょい》」（経営困難）になり、船年寄役の返上を願い出た。藩では町銀《まちぎん》から銀八貫目を貸して、船年寄を続けるように命じた。そうした援助があったためだろう、延宝七年暮には六艘一五五〇石に総石数を増やしている。運賃積では利益は知れている。他方、買積は利益は多いがリスクも高い。持続的に買積を続けていくためには、どうしても潤沢な資金が必要であった。

日比村藤左衛門は村の庄屋を務める有力者で、手船三艘を持つ船主でもあった。しかし、廻船の利益は少なく、あちこちから借銀をしてその利銀も払えないほど「身躰ひつはく（逼迫）」の有り様であった。天和元年春は、大坂の木屋惣兵衛・平野屋次郎兵衛から借銀して急場を凌いだが、両人からの催促にもかかわらず返済が延引したため、岡山藩大坂留守居保野助市に両人から訴訟書が提出された。同年八月、藤左衛門は請人《うけにん》（借銀の保証人）次郎兵衛らとともに大坂に上《のぼ》る。請人は四人居たが、いずれも日比村の組頭である。請人らは銀元に借銀の年賦返済を願ったが、銀元は承引せず、「御公儀様」（幕府）に訴え出ると断った。やむをえず請人らは、宿阿波屋半右衛門を頼り、いたち堀金屋庄兵衛他二名から銀五貫七〇〇匁を借りて銀元へ返済した。宿は借銀の世話もしている。

金屋庄兵衛らからの借銀は、天和二年三月までに元利《がんり》ともに返済するか、または、それができなければ、四月から藤左衛門の手船三艘を質に入れ、三艘を銀元から諸国へ運賃積に遣わして、その運賃を銀元に払い、元利ともに返済するまで藤左衛門は大坂に留まるか、いずれかという約束であった。もっとも三艘の手船を売り払えば借銀を済ますことはできたが、それでは藤左衛門の家職が失われてしまう。それだけでなく、今後は日比村の船持たちがどこの国に行っても荷主たちに疎まれてしまう。そうなれば、どこへ行っても借銀の才覚も運賃積の商売もできなくなってしまい、村中が迷惑することになる。「日比村御救」のために藤左衛門に銀一〇貫目の「拝借」を仰せ付けて欲しいと、日比村の庄屋・年寄・組頭たちが岡山藩の郡奉行に願い出た。天和二年正月二〇日のことであった。この願いは評定所で審議され認められている（『評定書』）。一人の船主の信用が、廻船で生活する浦そのものの信用につながるという認識は興味深い。いずれにしても、手船三艘を持つほどの船持であっても、経営はこのように不安定なものであったのだ。

廻船経営の不安定さは、零細な小船持ほど度を増した。彼らの行動を見ていると、行き当たりばったり、実に場当たり的である。例をいくつか紹介しよう。

場当たり的な経営

その一。岡山内田町の八兵衛のことは先にも紹介した（50ページ）。八兵衛は阿波国に渡り兄弟や知り合いの船を借りて、備後の鞆や尾道、上方《かみがた》などへ出掛けて商内《あきない》をしていた。それがふと思い立って大坂で中古の船を買い、船持になろうとしてその船に乗って岡山に帰った。しかし、船を購入したときの借銀が不明朗だと疑われ、船持中間への加入を認められなかった。船を買った八兵衛に、先の見通しがあったとは思えない。兄弟にも見放されている。

その二。日比村の多左衛門と市兵衛は、それぞれの持ち船で運賃積の塩を江戸に運び、江戸からは明け荷で岡山に向かっていた。延宝五年一一月のことだ。志摩国鳥羽浦で日和待ちのため長逗留になり、食料の米が不足して迷惑した。そこへ伊勢国桑名から江戸への廻米を運ぶために運賃で船を借してくれないかという話しが舞い込む。日比村の船だと聞いて「慥《たし》かな舟だから、是非に借してくれ」という。日比村の評判は伊勢にも知られていた。この評判が大事だったのだ。二人は米一〇〇石につき金七両の運賃で江戸に廻米を運んだ。その後帰国するにあたって二人は岡山藩江戸屋敷に「送手形《おくり》」を出してくれるように頼んだ。送手形は、番所などで身元を証明するための書付。役人は先に帰国するときに手形を出しているので改めては出さないが、帰国したら差し出すようにと書状を渡した。そこには、このような事例は多くあると思うが、改めて手形を出さないという措置で良いかと書かれていた。国許でこれを見た仕置家老は「商《あきない》舟のことだから苦しくない」という判断であった。こうした事例は多かったに違いない。航海中の食料にも事欠くような経営の不安定さが、場当たり的な稼業に向かわせる原因であったこともうかがえる。

その三。胸上《むねあげ》村の庄右衛門は五端帆の船一艘を所有する船主であった。延宝六年の六月にこの船に塩を買積して加子一人と二人で商内に出た。塩は幸い備後の鞆で売り払うことができた。その後、尾道で酒・菜・たばこを買い、下関まで下って、ここに九月まで居た。その間に荷物は大方《おおかた》売り払ったが、少し残ったので安芸宮島まで戻ってすべて売り尽くした。宮島では宿を頼って持ち船まで売り払い、代銀三五〇匁を受け取って広島に渡った。広島からは陸路で鞆まで戻り、鞆に居た児島玉村（現玉野市）の船に乗って一〇月一五日の晩に玉村に着いている。ところが玉村から胸上村には帰らず、番田《ばんだ》村で小舟を盗んで「欠落《かけおち》」してしまう。欠落は、無断で居所を出て所在をくらますこと。船を売っても払いきれないほどに多額の借銀があったのだという。村では方々《ほうぼう》探したが行方は知れない。一二月二一日に、胸上村庄屋と一族の者から「永代追払《えいたいおいはらい》」（永久追放の罰）に処してくれるよう願いが出されている。

四つめは日生《ひなせ》村半助の場合。半助は六端帆の持ち船に加子二人と乗り組み、肥前五島《ごとう》に商内に出掛けた。五島で売買し、薪一一五〇貫目を積んで帰ろうとしていたところ、延宝七年七月二一日に五島の小徳賀浦（小値賀《おぢか》島か）で難破する。積荷の内三五〇貫目は流れ捨《すた》ったが、八〇〇貫目は自力で取り上げ、代銀四〇匁で売り払った。船粕《ふなかす》は宿を営む小徳賀村庄屋安兵衛を頼って預かってもらった。そこへ運良く日生村の与三右衛門が商内にやって来た。五島の井々野瀬戸浦の宿久右衛門という者が一〇端帆の船を売りたがっているというのを聞いていたので、この船を与三右衛門が代銀一貫五〇〇匁で買い、与三右衛門の六端帆の乗り船を半助が買い取ることになった。半助は久右衛門に船粕を代銀一四〇匁で売り、買った六端帆の船で日生村に戻っている。船を買った代銀は日生に帰って与三右衛門に払うことになっていたのだろう。

二年後の天和元年に日生村半助は七端帆の船持として現れる。与三右衛門から買った船の帆数を増やしたか船自体を買い替えたかはわからない。この年一二月五日の夜、岡山藩の廻米二七〇俵を積んで大坂に上る途中、明石藩領船上村の沖合で難破したのだ。積荷が御用荷物であったため大坂蔵屋敷から岡山藩の役人が派遣されて積荷の処分を行い、明石藩役人や船上村との交渉も彼らがしている。船粕は明石船宿弥五大夫を頼って入札に掛け、銀一〇四匁で売り払った。二年間に二度の破船である。半助に再び船を持つ余力が残っていただろうか。それでもしぶとく這い上がったのだろうか。

宿の役割

これまで述べてきた事例からもわかるように、難船の救助や積荷の取り上げは所の庄屋の指揮の下に行われるが、取り上げられた積荷や船粕の処分にあたるのは浦の宿であった。この宿は「船宿」とも呼ばれる。その役割については森元純一の丁寧な分析がある〔森元二〇〇二〕。それに学びながら、宿の役割について少し整理しておこう。

一つは、宿は難船の積荷や船粕の処分にあたっている。これは難船救助に不可欠な機能で、難船救助体制が公儀の制度であることからすれば、こうした機能は宿の「公」的な顔と言えるだろう。だから庄屋が宿を兼ねることもあったし、明確に宿と呼ばれなくても庄屋や村役人がそうした役割を果たすこともあった。

貞享二年（一六八五）七月、北浦村利兵衛船六端帆は豊後国鶴崎で酒を売り払った後、苧《お》（からむし）を買い入れて戻る途中に、伊予国三津浜（現松山市）川口で難船した。そこで船粕・諸道具は宿下松《くだまつ》屋仁右衛門に預け、取り上げた苧九丸・明け酒樽六八挺は仁右衛門を頼って船を借り、積み戻った。仁右衛門は逗留中の費用は「数年の客なので無用」と言った。利兵衛と下松屋は数年来のなじみであったのだが、利兵衛はたって断り、銀子《ぎんす》を置いてきている。

二つは、買積の船が遠方の地で商内をする場合、積荷を売り払ったり、戻りの荷物を買い込んだりする際に所の宿を頼る場合がある。こうした時に宿は問屋的な仲介機能を果たしており、これは宿の「私」的な顔と言っていいだろう。必要な時には、借金の世話をすることもあった。

例えば、延宝二年八月に、北浦村四郎右衛門は三端帆の持ち船を備中妹尾村六兵衛・三右衛門に借し、伊予国に畳表を売りに行き、それを三津浦で売り払ったのち、戻り荷に「ともし松」を買っている。ともし松は松明《たいまつ》にする松材。この売買を仲介したのは三津の宿伊右衛門という者であった。もしかすると音が似ているので、この伊右衛門は先の仁右衛門と同一人かもしれない。ともに北浦村の船頭が世話になっている。また同じ月に、内田町十兵衛船五端帆は岡山商人荷物を長州下関まで運んだ後、周防小松浦へ廻り、宿仁右衛門という者を頼って苫六五〇枚を買っている。

三つは、難船の積荷をめぐって紛争が起こった場合に取次《とりつぎ》や曖《あつか》い（仲裁）を宿が行うことがあったことだ。江戸時代には民間の紛争は内済《ないさい》で収めるのが基本であった。この内済を行う噯い人は事情に通じていて信任の篤い第三者が務めることが一般的で、海上での紛争の場合は所の宿が務めることが多かった。内済は公儀の法秩序に組み込まれたものだから、その噯い人は「公」的なものとも言えるが、その噯いは強制力を持たなかったから、彼の立場はあくまで民間人であった。その意味では先に見た二つの顔の中間にあるとも言えるが、同時にその役割は二つの顔を備えているからこそ果たすことができるものであった。所の領主や村役人との連絡や内済の取次・斡旋などに船宿を頼ることも多い。

貞享三年四月備中妹尾村三郎右衛門船は備中商人の買い物を積んで帰るところ、岡山の川口で讃岐丸亀甚吉船に当てられて沈んだ。この事件の事後処理を斡旋したのは、双方の船宿である中島町宿高松屋茂右衛門と船着町宿銀屋吉右衛門であった。海事紛争のうち当時最も重大であったのは、難船による積荷の損害をどのように補償するかという問題であった。その際に広く行われていたのが「分散仕法《ぶんさんしほう》」である。備中船と讃岐船の事故も分散処理が行われたのだが、これは当時の海運を支える重要な慣習なので、節を改めて触れる。その前に船宿についてもう少し見ておこう。

各地の船宿

船宿の四つめの役割としては、大名の御用を務めることがある。寛文一三年二月、岡山藩隠居の池田光政と分家の池田輝録は参勤のため瀬戸内海を大坂に向かっていた。しかし、天候が不順なため兵庫網屋新右衛門方に上がり、翌日陸路を京に向かっている。この件は「瀬戸内海の交通環境」の章で述べた（30ページ）。翌延宝二年一一月にも光政は船で大坂に向かっていたが、やはり天候不順で兵庫の網屋方に上がっている。この時には加子の乗った小船が流されたため網屋が船を出して救助した。網屋新右衛門は「御宿」と呼ばれており、岡山藩の御用を勤める船宿であった。

藩の船だけでなく、岡山藩の民間の船も海難事故などの場合に兵庫の網屋の世話になっている（74ページ）。兵庫から積荷を小分けして大坂に運ぶ上荷船《うわにぶね》の手配を頼むことも多い。大坂の問屋などはそれぞれに取引する商人の国が決まっており、これを国問屋《くにどんや》というが、大きな湊では船宿も付き合う船の国が決まっていたのだ。こうした船宿は国船宿《くにふなやど》と言ってもいいだろう。延宝四年九月に岡山油町五郎大夫船が土佐船と衝突事故を起こした時には、網屋新右衛門と土佐船宿土佐屋与左衛門が間に入って折衝している。兵庫には土佐国船宿もあったのだ。また津山藩大坂廻米を運んでいた備前船の事故の場合は、兵庫船宿おミつ屋三郎右衛門が世話をしている。同じ備前船でも積荷が違えば、扱う船宿も違った。おミつ屋は「作州船宿」と呼ばれている。

備前船が播磨国の海上で事故に遭った時などは、明石船宿備前屋弥五大夫の世話になることが多い。弥五大夫も「御宿」と呼ばれており、岡山藩の船の世話もする国船宿であった。赤間関の船宿庄介も児島小串村と厚村の船頭がともに世話になっており、赤間関における備前船の国船宿だっただろう。

他方、岡山藩領内でも牛窓や下津井などの大きな湊にはいくつもの船宿が存在していた。豊後岡藩中川佐渡守の大坂廻米・大豆を運んでいた豊後三佐《みさ》村（現大分市）五兵衛船一三端帆が、延宝七年六月に下津井沖で破損した。積荷などの世話をしたのは「下津井御宿孫右衛門」であった。天和二年正月に広島廿日市浦庄次郎船八端帆が下津井沖で水船になったときには、「下津井安芸守殿御宿源右衛門」を頼っている。源右衛門は広島藩の御用も勤める国船宿であった。萩藩松平長門守の大坂廻米を運んでいた周防岐波《きわ》浦（現宇部市）権之丞船一四端帆が下津井沖の松島で座礁したときには、下津井の「周防ノ御宿七左衛門」が救助にあたっている。下津井には西国諸藩の「御宿」があり、それぞれに国船宿の役目を果たしていた。

牛窓近海で事故が起きたときには、牛窓の船宿が活躍する。表16に「御留帳御船手」に見える牛窓の船宿をすべてあげてみた。讃岐国粟島村の船は二艘とも久左衛門の世話になっている。弥兵衛は備中国と出雲国、七郎兵衛は安芸国と豊後国の

表16　牛窓の船宿

国・浦・船頭	牛窓宿
淡路国福浦村又之丞	七右衛門
讃岐国丸亀浜町次郎兵衛	五郎兵衛
讃岐国粟島村清左衛門	久左衛門
讃岐国粟島村清三郎	久左衛門
備中国笠岡村惣左衛門	弥兵衛
安芸国広島播磨町太左衛門	七郎兵衛
安芸国倉橋島久蔵	庄二郎
周防国岩国九兵衛	作兵衛
豊後国三佐村善七	七郎兵衛
日向国徳淵村彦三郎	東町甚右衛門
出雲国加賀浦三郎兵衛	東町弥兵衛

註）『御留帳御船手』上・下より作成.

船を世話している。他方、讃岐国と安芸国は同じ国の船が別の船宿を頼っている。牛窓の船宿の場合は扱う国がそれほど固定的ではなかったのかもしれない。また、記録には現れないが、これらの船宿のうちにも大名の「御宿」を務めるものもあっただろう。

　延宝四年一〇月の記事によれば、これ以前には広島藩松平安芸守の牛窓での船宿は決まっていなかったようだ。この年の春の参勤の時は広島藩の船奉行からの指示で牛窓の助三郎が宿を頼まれて迎えに出た。九月の紀伊守の参勤の時にも助三郎が宿を務め、以後藩の手船および領分の船ともに諸事「裁判」（差配）するよう命じられた。助三郎はこの旨を岡山藩船手に申し出たところ、家老の日置猪右衛門から広島藩の船宿を務めることを許されている。また貞享元年正月に島原藩松平丹後守家来の乗った船が肥前で遭難した時には、たまたま通りかかった牛窓の三郎兵衛船が救助を行った。この件では、牛窓助三郎が古くから「丹後守殿江戸上下之御宿」であるという縁で、島原藩から三郎兵衛への謝金が助三郎に託されている。助三郎は牛窓の有力な「海商」（問屋・船持）であったが、いくつかの西国大名の船宿も務めていたのだ。

難船と分散仕法

海上交通の発達にともなって海難事故が激増する。その様子はこれまで述べてきたところから十分に察していただけたことだろう。海難事故が起きれば、積荷は沈み、船は破損する。しかし、海難の多くは大雨風や高波といった自然の脅威によるものだから、荷主としても一方的に船頭の責任とすることもできなかった。そこで生まれてきたのが、船主と荷主とが共同で損害を補償する制度である。それが「分散仕法」だ。

分散とはなにか

江戸時代の「分散」は、今で言う破産と同じこと。特に商取引においては、経営が破綻した際に債務者の残った資産を債権者が差し押さえ、債権者の間で分割配当することを「分散」と呼んだ。難船の事後処理の場合にもこの考えが適用され、残った積荷や船粕（難破船の残骸）・諸道具を売り払って、代銀を荷主と船主とで分割することを「分散勘定」と言い、こうした慣習を「分散仕法」と称した。「振《ふり》分散」とも言った。

以上の説明からもわかるように、御用荷物や買積の場合には「分散」が行われることはなく、基本的に運賃積の場合に荷主と船主との間で発生する補償慣行である。御用荷物の場合は、積荷の損害は荷主（幕府や藩など）の損失、船の損害は船主の損失とされ、荷主と船主の間で「分散」を行わないのが慣習となっていた（金指一九六七）。また買積の場合は、荷物も船も持ち主は同じだから「分散」が起きようがなかった。

こうした「分散」の慣習は民間船による輸送が盛んになりはじめた中世に始まったと考えられているが（同前）、海難事故に際して広く適用されるようになるのは、江戸時代になってからだ。海運の発達のためには、海難リスクを補償する制度が是非とも必要だったからである。

分散に関連する事例として岡山藩の記録で確認できる最も早いものは、今のところ次の寛文一〇年（一六七〇）のものである（『評定書』）。

岡山平野町次郎左衛門船四端帆が大坂から岡山に戻る途中に赤穂沖で難破した。積荷は大坂八百屋市兵衛の八五〇匁ばかりの荷物と岡山町人の紙荷物・万《よろず》小物荷物であった。この船には上乗《うわのり》として八百屋市兵衛自身が乗り込んでいた。上乗は、輸送中の荷物の管理にあたる者で、海上で難船の危険が迫った場合に積荷を刎ね捨てる許可を与えるのも上乗の仕事であった。この場合も市兵衛が指示し、自分の荷物は大分濡れたが、紙や万小物は濡れずに取り上げられた。

　この難船処理にあたったのは赤穂藩船手船頭および赤穂新浜清兵衛であるが、岡山からも吉兵衛ら船年寄二名が遣わされ、荷主・船主との間の示談にあたっている。八百屋市兵衛は「この度《たび》のことは何とぞ割符《わっぷ》（割賦）にして欲しい」と願ったが、船年寄は「只今まで大坂からの下り荷物については割符にしたことはない」と言って断った。ただし、市兵衛の荷物は濡れたのに紙・万小物については濡れなかったのは市兵衛の働きによるとして、岡山町人から銀四〇匁を合力《ごうりき》銀として市兵衛に遣わすことで示談にしている。合力は力を合わせて援助すること。八百屋市兵衛の積荷の内訳と被害状況を表17－1に示した。当時どのような野菜が大坂から岡山に送られていたかも知られて興味深い。事故が起きたのは一一月だが、正月用

表17-1　八百屋市兵衛の積荷と被害状況

品名	数量	損害
さといも	30俵	みな濡れ
やまのいも	68俵	48俵あり，20俵折れくず
かちぐり	6俵	少し痛み
かずの子	2俵	1俵痛み
つるし柿	24俵	1俵200入，6俵濡れ
青のり	800把	痛み有り
くわい	4俵	すきと濡れ
山升	100斤	濡れ申さず
かや	2丸	少しつつ濡れ
くずのこ	5桶	1桶少し濡れ
木くらげ		濡れ申さず
昆布	2丸	1丸すきと濡れ

註）『御留帳評定書』上より作成.

表17-2　赤穂での船作事・諸経費

費　目	銀額(匁)
赤穂御崎にて宿賃払い	21.0
上荷賃	7.0
積合荷物上げ申す小屋借り賃	3.4
荷物上げ申す船衆および日用者食料	9.0
船作事大工手間および釘木代	30.0
八百屋市兵衛へ合力銀	40.0
計	110.4

註)『御留帳評定書』上より作成.

の品物だろうか。

この合力銀を含め、船の修理代や赤穂で支払われた諸経費については、岡山町人が負担した。支払いの内訳は表17－2、負担の内訳は表17－3のとおりだ。積荷代銀のうち濡れを除き一〇〇匁に対して七匁の均等負担であった。これとは別に八百屋市兵衛は宿へ銀二一匁、上荷酒手銭五〇〇文、小屋借り賃銭二〇〇文を支払った。上荷酒手は、上荷船の船員へ慰労のために賃銭とは別に遣わした見舞銭。また、次郎左衛門船は痛みがひどく板なども割れたので費用もかなり掛かったが、「荷主に大きな損を掛けた」ので、三〇匁以上の負担は「船頭自分の損」にさせている。

以上のように、この事例ではかなり複雑な損害処理が行われた。大坂の市兵衛が言うように割符による損害処理は行われるようになっていたが、岡山の船年寄は大坂からの下り荷物については割符を行わないのが慣習だと述べている。他領での事故であるにもかかわらず岡山から船年寄がわざわざ出掛けて嗳いを行っているのは、損害処理をめぐるせめぎ合いがあるためだろう。赤穂藩の船手役人も浦の村役人も、その嗳いを容認している。こ

表17-3　岡山町人の積荷と負担額

町人名	積荷	代銀(匁)	負担額(匁)
伊部屋次郎左衛門	紙３丸	196.00	13.70
臥見屋孫三郎	紙５丸	343.00	24.00
升形屋助左衛門	紙５丸半，濡れある分引き	347.00	22.70
銭屋市右衛門	紙５丸の内濡れある分引き	329.50	18.05
松屋五兵衛	小万物・櫃色々	212.90	14.90
和気屋与三兵衛	小万物の内濡れある分引き	276.70	16.35
臥見屋四郎兵衛	紙1丸の内濡れある分引き	66.00	0.70
計			110.40

註）『御留帳評定書』上より作成．代銀は積荷全体の代銀額を示している．

の事件の史料に「分散」の文字はない。

「御留帳御船手」には、一四年間に四八例の「分散」に関係した記事を確認できる。もちろん記載されるのは、岡山藩領民が関係した事案のみである。以下、具体的に分散をめぐる当時の状況を検討してみよう。

「御留帳御船手」にみる分散関係記事

まず典型的な分散勘定の事例を確認しておこう。

岡山児島町市左衛門船四端帆、沖船頭太郎左衛門、二人乗り。荷主は大坂商人四人。荷物は銑《ずく》・紙・古着物・巻物。銑は鋳物の材料などにする純度の低い鉄、巻物は軸に巻いた織物のこと。延宝四年（一六七六）六月九日に岡山を出船したが、一五日明石林浦沖で大風にあおられて水船になった。流れ散った荷物は林浦から大勢の浦人が出て取り上げてくれた。翌日、明石備前宿弥五右衛門（先に出た弥五大夫と同一人物か）から大坂へ飛脚を遣わし、一八日には荷主手代三人が到着。荷物を改めたの

表18　岡山市左衛門船分散勘定

荷主	元銀(匁)	積荷	売立	代銀(匁)
冨田屋庄兵衛	1,533.0	紙13丸	紙13丸	619.0
川崎屋作左衛門	540.0	銑40束	銑36丸	421.2
江戸屋喜兵衛	456.0	古着物２丸	古着物２丸	327.5
長野屋惣右衛門	230.0	巻物10長・切１ツ	巻物10長・切１ツ	125.9
船頭太郎左衛門	230.0	船	船粕	119.3
計(a)	2,989.0		計(b)	1,612.9

遣銀	(匁)
明石諸遣	70.2
大坂へ飛脚賃	6.0
小遣船頭粮米	39.3
渡海など船賃	27.8
計(c)	143.3

(b)－(c)＝1,469.6匁(d)
(d)÷((a)÷100)＝49.15匁

註)『御留帳御船手』上より作成.

ち、公儀御定法の一〇分一・二〇分一の礼銀を浦人に払い、所の船を借りて大坂に運んだ。破損船は明石で売り払われ、残り荷物は大坂で売り立てられた。分散勘定は大坂問屋中間《なかま》中の曖いで、六月二三日に行われている。

分散勘定を記した証文が、「分散状」（「分散目録」とも言う）である。この事例の分散状の内容を整理したのが表18である。元銀は積荷の仕入値段、売立代銀は取り上げられた荷物を大坂で売り払った代銀である。荷物の量を比較してみると、海中に沈んで捨ったのは、銑四束であることがわかる。ただし、紙・古着物・巻物も濡れたために仕入値より安くしか売れず、損が出ている。船粕および残り荷物の売立代銀を荷主と船頭とで元銀に応じて均等に配分した。その結果、元銀一〇〇匁に対して四九匁一分五厘の配当となったのだ。このように実際の個々の損害に関わりなく、全体の損害をすべての荷主と船頭・船主が元銀に応じて均等に負担し、残った財産を分け合うのが分散仕法なのである。こうした勘定をこの事例では「本分散」と呼んでいる。こうした勘定の仕方が本来の形であったのだ。

「御留帳御船手」に見える四八例のうち三三例は、荷主と船主が残った資産を均等に分割する「本分散」の考えが適用されたものと分類できる。その点では市左衛門船のような「本分散」が分散の基本的な形であったことは確かだ。また、この形は荷主が大坂問屋商人で、大坂問屋中間中が曖いをする場合に多い。分散仕法が大坂で発祥し、大坂を中心に普及したことを示唆している。

しかし、三三例すべてが市左衛門船のようにすっきりしているわけではない。特に初期の事例には「本分散」とはやや異なる様相も認められるので、個々に検討しておこう。

延宝初年の事例

最初は延宝元年の久山町十郎兵衛船の場合。岡山商人の米・小麦・菜種・大豆を積んで紀州湊に向かっていた十郎兵衛船は、大風に難儀したため米二三俵を海中に捨て、梶一本を失った後に紀州にたどり着いた。紀州では紀州問屋中の曖いで、残った荷物を売り払い、勘定を行っている。その証文によれば、損銀は、米二三俵の捨《すたり》銀、梶捨代銀、諸遣《つかい》銀、の三口合わせて銀四七八匁二分で、これを元銀の額に応じて荷主・船頭に割符している。残り荷物の売立については記載がなく、損害の均等負担だけが記されている。船頭が岡山に帰った後、売立銀が商人に渡され、負担額を徴収して、損銀の補償が行われたのだろう。損害を元銀に応じて荷主・船頭が均等に負担しているという意味では「分散勘定」とも言えるが、先の「本分散」の事例ほどにすっきりしているわけではない。証文をはじめ関係する史料に「分散」の語は見えない。

次は延宝二年の片上村次右衛門船の場合。大坂から備前に下る途中、日生村鹿久居《かくい》島沖で難船になっている。積荷は、赤穂の市に向かう大坂商人二人の小道具など、菜種・大豆を大坂で売り払った尻海《しりみ》村商人三人の代銀五貫五四二匁六分七厘、香登《かがと》村商人三人が大坂から積み込んだ油粕四二俵の三口で、大風のため大坂商人の荷物はすべて捨り、油粕も半分ほどは捨ったが、銀子は無事であった。日生浦に上がった後、大坂商人は、「このような場合には分散になるように聞いているので、分散に申し付けてくれるように」と頼んだが、日生村の庄屋らは、「貴方の荷物の銀高の証拠があれば岡山の奉行に申し達して分散にすることもできるが、証拠がないのでは何ともしようがない」と断った。そこで商人らは大坂に戻り、大坂町奉行に訴え、奉行所からは岡山藩大坂留守居の今西半内に「分散にするように」と伝えられた。今西はそれを国許の仕置家老池田大学に伝えたが、大学もやはり「本人の口上だけでは取り上げがたい」という意見であった。そのため大坂町奉行所は商人荷物の仕入れ先の代銀書付を取って元銀とし、改めて今西に分散を申し入れた。それを伝えられた大学は「覚束《おぼつか》ないことではあるが、この上は分散にせざるを得ないだろう」と受け容れ、日生村庄屋に分散に取り扱うように指示した。日生村庄屋は損銀・有銀を改めて、元銀に応じた分散勘定を行っている。荷主の性格も残り荷の状況も一様ではなかったが、最終的には本分散になった。難船になったのは八月一七日、分散状の日付は一〇月二七日である。二か月余におよぶ経過を見ていると、分散勘定を推進しようとする大坂側とそれに消極的な岡山側の対応が印象的だが、先の寛文一〇年の例に比べて「分散の儀は大法《たいほう》」（日生村庄屋の言葉）という流れが強まっているように思われる。

延宝三年の二例は、遠方で起きた海難事故の分散勘定が大坂で行われた場合である。一つは、小串村市左衛門船一八端帆が出羽能代から杉保太木《ほたぎ》一一九五丁を積み込み、能登国折戸浦で難破した場合。沖船頭は忠右衛門、荷主は江戸三木屋十郎兵衛と角倉屋七兵衛。保太木は薪の意もあるが、この場合は太い材木を指すのだろう。船は破損し、材木一六丁が流れ捨った。早速荷主の大坂宿北国屋次左衛門・平野屋又兵衛に飛脚が遣わされ、宿両人の名代が能登国まで下る。名代が残り荷物を改め、高屋村十村《とむら》・折戸村与合頭《くみあい》らの噯いで、材木は破損舟や船道具とともに折戸村で売り払われた。分散勘定は能登では行われず、浦手形に基づいて大坂で宿両人と船頭の間で行われた。荷主の宿と並んで伝法屋宿久左衛門が船頭側の大坂宿として立ち合っている。

もう一つは、厚村長右衛門船三〇〇石積が大坂から加賀への下り荷物を積んでいて周防国三田尻西泊口で破損したもの。この件は先にも触れている（102・149ページ）。沖船頭は忠左衛門、荷主は大坂商人六人、積荷は櫃荷　莚包荷・こも包荷・樽・所天草・石材であった。やはり大坂から荷主惣代二名が遣わされ、現地で残り荷物・船粕・船道具の売り払いが行われた。三田尻の庄屋および萩藩の浦役人が立ち合っている。荷主惣代は証拠のため灘状《なだじょう》（浦手形）を調《ととの》えてくれるよう頼んだが、浦庄屋は「上方から両人が来て自分で差配したのだから手形には及ぶまい」と返事した。両人は、「中間《なかま》から遣わされたのだから是非に」とたって頼むので、証拠として浦手形を差し出している。この浦手形に基づいて大坂で分散勘定が行われた。難船となったのは四月一七日夜、分散が終了したのは半年以上後の一一月朔日のことであった。船頭忠左衛門は最終勘定まで付き合っており、思いのほか「隙が入った」（時間が掛かった）と岡山藩船手に報告している。

以上初期の四例を見てみても、地方ではいろいろな反応があることがわかる。と同時に、大坂が起点となって分散仕法が広がっていくことも確認できるだろう。

結果不明の例

四八例のうちには最終的な結果が不明なものも二例ある。

一つは、乙子村七郎右衛門船六人乗りが金沢藩廻米を積み込んで大坂に上る途中、能登国安部屋《あぶや》村（現志賀町）で難船となった事例。沖船頭助一郎は難破の際に亡くなっている。廻米一八〇石は大坂木屋助市・舛屋市郎兵衛が請け負ったもの。残米および濡米は安部屋村庄屋と金沢藩奉行が改め、木屋・舛屋に渡された。船粕・諸道具は奉行の指示で売り払われ、代銀から諸遣《つかい》銀を指し引いて木屋・舛屋に渡されている。船主の七郎右衛門は、「大坂で分散の埒が明いたら浦状の写しを差し上げる」と岡山藩船手役人に述べているから、大坂で分散勘定になるものと思っていたのだろう。しかし、その後のことはわからない。

もう一つは、郡村与一郎船七人乗りが金沢藩廻米を加賀国宮腰から積み出したのちに、大野川一ノ瀬で破損したもの。沖船頭は市助、廻米二四〇石はやはり大坂の木屋助市・舛屋市郎兵衛が請け負ったものであった。出船した直後の事故であったので、金沢藩の出船奉行は廻米も運賃米も蔵に返すように命じた。市助は、「一度渡された米であるから、銀を借してくれたら船を作って送り届けたい」と願ったが、借銀は認められず、米は返さざるを得なかった。船頭はやむなく宮腰宿藤屋甚兵衛の世話で破損船の船粕・諸道具を売り払い、岡山に帰った。木屋・舛屋の口ぶりでは、「大坂で分散になるかもしれない」とのことであったので、市助は加賀大野村肝煎・淵上村十村《とむら》の浦手形を取って帰っている。金沢藩の十村は、他藩の大庄屋にあたる役人。船主の与一郎は、「大坂に上って何とぞ分散に入れたい」と岡山藩船手に願い出た。仕置家老は、「公儀へ公事《くじ》がましきことはしない」（幕府に訴え出ることはしない）という条件でそれを許している。分散は当事者同士の相対《あいたい》が原則であった。しかし、やはり結果はわからない。

のちにも述べるように金沢藩廻米船の事故は多数起きているが、分散になったことがはっきりわかる例は一つもない。この二つの事例も結局は分散にならなかっただろう。それでもこれらの事例では大坂の商人も岡山の船主も大坂で分散になるかもしれないと考えている。海難事故は分散になるものという意識が広がっていることを示すだろう。

なお、日比村長兵衛船が出羽山形藩松平下総守の江戸廻米を酒田から積み込み、長門国阿知島（厚島・現下関市か）沖で難船になった場合は、御用の廻米一三二〇俵の他に米二八三俵三斗四升も船頭の運賃積として積み合わせていたため、大坂蔵元と船頭請人の立合で振分散になっている。藩の廻米を運んでいて分散になったのは、この一例のみである。

家中荷物が分散から除かれる例

先にも述べたように御用荷物の輸送の場合は分散勘定が行われないのが一般的であったから、御用荷物と商人荷物が混載されている場合、家中《かちゅう》荷物が分散勘定から除かれた例がある。

平野町四郎兵衛船四端帆が、岡山藩家来衆《けらい》の荷物と商人荷物を積んで大坂に上る途中に難船となった。岡山藩家来衆一四人も乗船していた。家中荷物は少し濡れたがすべて取り上げられ、商人荷物のうち小豆・木蠟《もくろう》や伊部物（備前焼）など小間物の一部が捨った。そのためもあってか、分散勘定は商人荷主と船頭の間で行われている。

二日市町新次郎船五端帆の場合も、岡山藩家来衆の荷物一一箇は一部濡れたがすべて取り上げられ、商人荷物には濡れや捨りの損害があった。やはり荷主の商人と船頭の間だけで分散になった。

児島町仁兵衛船七端帆は、備後福山藩松平日向守の荷物と大坂からの下り商人荷物とを積んでいた。この場合は家中荷物七箇のうち二箇が捨ったが、残り五箇を兵庫船宿網屋新九郎に渡し、分散には入れなかった。

家中荷物は、損害の有無にかかわらず分散に含めないのが慣例であったと考えてよいだろう。

船頭が分散から除かれる例

四八例のうちには、船頭が分散から除かれ、荷主だけで分散勘定が行われた事例が五例ある。個々に少し紹介しておこう。

一つは、油町五郎大夫船四端帆が兵庫前で土佐船に当てられて沈んだもの。先に船宿の所でも取り上げた（160ページ）。積荷は大坂上りの鯨油と美作小豆。船頭の取次をしたのは兵庫船宿網屋新右衛門。積荷の損害については大坂問屋中の曖いで分散になったが、船の損害については積荷の損害とは合算せず、土佐船船頭から五郎大夫に銀六〇匁を出すことで決着している。間に入ったのは、土佐船宿土佐屋与左衛門であった。

二つは、二日市町長九郎船四端帆が明石山田浦で破損したもの。積荷は大坂問屋宛の岡山商人荷物。船は波に打ち上げられて船底が痛んだが、積荷は山田浦で船を借りて大坂に運んだ。分散勘定は大坂問屋中の曖いで行われたが、船頭はそれに加えず、荷主中から合力銀二〇〇匁を船頭に遣わすことで済ませている。

残りの三例は、以上二つとはかなり事情が異なる。いずれも、船頭が仕切銀《しきりぎん》などを持ち逃げしたため、船を売り払ってその代銀を荷主たちが分散勘定したものだ。

その一。紺屋町船持三郎大夫養子平兵衛が、大坂河内屋甚右衛門から岡山上内田町米屋源右衛門の種子（菜種）の仕切銀八九〇匁を言伝《ことづ》かり岡山に帰ったものの源右衛門に銀を届けず、折り返し上り荷物などを積んで大坂に上った。この場合の仕切銀は商品の支払い代銀。大坂では、積荷のうち上之町米屋五郎兵衛の大豆の仕切銀七一四匁二分、西大寺町福岡屋久七など四人が大坂に遣わした銀合わせて三三四匁三分七厘をそれぞれに届けずに、以上三口の銀を持って欠落したという事件である。このため船持の三郎大夫は追込《おいこみ》に処せられ、持ち船六端帆は銀四五六匁九分八厘で売り払われ、銀主の間で代銀が分割されている。

その二。上内田町六大夫が大坂問屋方から岡山商人への仕切銀を持って欠落したもので、やはり持ち船五端帆を四一六匁五分で売り払って分散にしている。

その三。西中島町船持庄兵衛が同じように大坂問屋から岡山商人への仕切銀を持って欠落したもので、持ち船五端帆を売り払って分散になった。この事件を曖った船年寄吉兵衛は、「御法の如く」と述べている。また、この事例では庄兵衛があちこちに相対の借銀をしていたために、多くの借銀主から分散に加えてくれるようにと申し出があった。しかし、「自分相対の借銀は先年より分散に入れない御法である」と吉兵衛は述べて、これを拒否している。こうした事件が頻発していたのだろう。細かな法の整備が進んでいる。海上輸送はリスクが高い。他の債務とは切り離して、積荷の損害補償をそれだけで完結させるというのは、荷主を保護する配慮と考えてよいだろう。

分散にならなかった例

最後に、本来なら分散にしてもよい状況にもかかわらず、分散にならなかった事例が八例ある。これも念のために個々に見ておこう。

その一。紺屋町七兵衛船六端帆が大坂から下り荷物を積んで播州坂越《さごし》浦（現赤穂市）沖で難船になった。銀高一一貫三六一匁三分五厘の荷物のうち三割に近い銀三貫一七〇匁六分の荷物が濡れた。惣荷主中が相談した結果、坂越浦での諸遣《つかい》銀を濡れなかった荷物の銀高に応じて負担し、積荷は濡れた物も濡れなかった物もそれぞれに引き取ることで示談になっている。船頭は諸遣銀の割符にも参加していない。

その二。北浦村伝十郎船が淡路国阿万浦《あま》（現南あわじ市）で難破。岡山商人衆の米・黒大豆・小豆・木地《きじ》を積んで紀州和歌山に行き、商内をして代銀一貫三〇〇匁余を受け取り、残りは和歌山問屋に預け、戻りに讃岐東浜（現高松市）太兵衛の大根三万一〇〇〇本を積み込んで帰る途中であった。事故では船が大破し、積荷も大根四〇〇〇本・銀三九八匁三分四厘を残して他は海中に捨ってしまった。残った大根と船粕は現地で売り払われたが、売立銀はそれぞれに受け取り、分散は行われなかった。曖いは淡路浦手奉行手代と阿万浦番人および同浦庄屋。

その三。金岡村八大夫船八端帆が播磨塩屋浦（現神戸市）沖で兵庫庄吉船に突き当てられて沈没した。積荷は岡山藩大坂廻米四二〇俵。うち三一五俵が取り上げられ、浦人に御法の一〇分一の礼を渡した残りが売り払われた。この事件の場合は、積荷・船ともに分散にするのが「御法」だが、庄吉が不憫な船持だということで、庄吉から八大夫に銀八五〇匁を渡すことで内済になっている。曖いは兵庫網屋新九郎、岡山藩大坂蔵屋敷の役人も立ち合っている。岡山藩役人は、「公儀分散御赦免」「内証分散」になったと国許の船手に報告している。公儀が定めた本分散ではなく、内々に処理したということだ。

その四。岡山座本の木綿実と備中松山藩水谷《みずのや》新右衛門の大坂廻米などを積んでいた中島町甚九郎船四端帆が、室津沖で大船に当てられ船は破損し、積荷の一部が捨った。兵庫浦役人の曖いで分散にせず、荷主から船頭に合力銀五〇匁を渡すことで済まされている。

その五。備後福山孫三郎船は福山から岡山へたばこと言伝《ことづて》銀一貫六〇〇匁余を運んでいて、水島沖で破損した。言伝銀は、手渡すように依頼された銀子。この事故でも本来ならば荷主・銀主・船頭の間で分散にすべきであったが、日数がかかると濡れたばこが腐ってしまう恐れがあるため、居合わせた福山商人の曖いで示談になった。銀子は無事であったので、銀主から荷主に銀二五〇匁、船頭に銀二〇〇匁を渡して済まされている。

その六。先にも触れた金岡村八郎兵衛船一六端帆が出羽由利本荘で破損した事故（92ページ）。積荷は仙台商人伊勢屋与四郎の商人米。売米・船粕代のうちから船頭に金一〇両が渡されて内済になった。

その七。笠岡村吉郎右衛門船四端帆が備中玉島からたばこ・畳表・綿実・鍋かね・天豆《そらまめ》を積んで上る途中、下津井沖で難船になった。残り荷物と船粕を荷主と船頭がそれぞれに受け取り、国許に帰っている。

その八。土佐国岸本浦与一兵衛船が安芸瀬戸田から塩を積み上っている途中、下津井沖で難船になった。塩の荷主は大坂伏見堀才かい屋七兵衛。やはり下津井庄屋の曖いで、残り荷物と船粕をそれぞれに渡して事済みになっている。ただし、この場合は後に大坂で分散勘定が行われたかもしれないので、結果不明とすべきかもしれない。

以上のように、分散勘定とせずに処理することを荷主・船頭などが合意し、示談で解決する場合もあった。四八例のうち八例だから、全体の六分の一になる。こうした事例の多くは大坂商人が直接関わっていないものであることにも注意しておきたい。

分散仕法の特徴

以上「御留帳御船手」にみる分散関係記事を検討した。そこからうかがえる当時の分散仕法の状況について、簡単に特徴を整理しておこう。

一つは、西廻り航路の開発と同時に海難事故における分散勘定が大坂を起点として急速に広がっていることである。分散仕法が「大法」であることは、地方の領主や船頭たちにも広く認識されていた。

二つは、分散勘定にあたってはすべての荷主と船主が元銀に応じて残った資産を均等に分割し、損害を補償し合う本分散が圧倒的に多いこと。事例の三分の二以上がこのタイプであった。

三つは、船主は加えずに荷主だけで分散勘定が行われることもあること。このことは、分散のもともとの意味が荷主が損害を相互に補償することにあったことを示しているだろう。大坂問屋中の曖いが分散の妥当性を保証した。

四つは、家中荷物と商人荷物が混載されている場合、家中荷物は除いて、荷主と船主との間で分散勘定が行われる。

五つは、分散が「大法」であることを認識しながらも、荷主や船頭などとの示談で処理される例が全体の六分の一と少なからずあること。とくに遠方での事故の場合には分散勘定に時間が掛かるため、その場で示談にすることがある。大坂商人が直接関わらない場合には、こうした解決が図られることもあった。

六つは、海難事故の補償にはいくつかの可能性があったので、当事者が結論を出す上では、所の船宿の仲介が重要視されたこと。船頭から連絡を受けた船宿が荷主や船主に連絡し、救助された浦での諸費用の支払いや分散・示談の曖い・取次を親身になって行っている様子が史料から読み取れる。

本書で検討したのは、江戸時代前期の備前船を中心とした分散事例だが、こうした状況は江戸時代を通じてあまり変わらなかったのではないかと考えている。

ヒトの移動

江戸時代の海上交通はモノの輸送が中心であった。それでも、幕府役人の移動や藩主の参勤交替に船が利用されることも少なくなかった。また、積荷と一緒に武士や一般人が乗り合わせることもあった。とくに近距離の場合には、ヒトだけを乗せて往来する船もある。ここでは、そんな船の場合を紹介しておこう。

江戸往来の乗り人　西国の藩主や家中の士《さむらい》が参勤交替などで船を使う場合は、国許と兵庫・大坂との間で使うのが一般的であった。江戸までの往来では、江戸に下る場合に船を使うことはほとんどなく、江戸から国許に帰る戻り船に便乗することがたまにある程度であった。

牛窓与太夫船一六端帆は、隠居光政の台所荷物および家中荷物を積んで江戸から戻る途中、延宝三年（一六七五）一〇月朔日に口熊野笠甫《かさほ》浦で破損した。この船には光政江戸屋敷から横田徳右衛門と角介が同乗していた。明記されていないが、上乗《うわのり》の役を負っていたのかもしれない。ただし、御用荷物や家中荷物を送る際にも同乗者が居ることはほとんどないから、この場合は何か特別なモノを運んでいて念のために便船人《びんせんにん》（便乗する人）として同乗させたのかもしれない。

上道郡八幡村の石原孫太夫は小者《こもの》として召し出され、江戸で鉄炮小頭を務めていたが、眼病を患って失明したため、延宝元年三月に「大廻り舟」で国許に送り返されている（『評定書』）。西国では大坂を越えて江戸に行く航海を「大廻り」という。同じく上道郡百《もも》枝月《えつき》村の五兵衛は江戸屋敷で西浦源左衛門に召し使われていたが、「永煩《ながわずらい》」のため小串村五大夫船に乗せて国許に帰されることになった。しかし、「腫物痢病《はれものりびょう》」が重くなり、延宝八年正月七日に浦賀で亡くなっている。

いずれも陸路の通行に堪《た》えられない特別な事例と言ってよいだろう。江戸からの戻り船の場合も、ヒトを運ぶことは原則的に避けられたと考えてよい。

家中士・飛脚の大坂往来

武士が国許と大坂との往来のため船に便乗することはよくあった。岡山藩士の場合はこれまでも触れているので、ここでは他藩の例を紹介しておこう。

延宝三年四月一三日、豊後府内藩松平右衛門佐の家臣四人が「所之廻船」一二端帆に便乗して大坂から国許に帰る途中、日比沖の大槌《おおつち》島で難船になっている。「所之廻船」というのは国許の戻り船だろう。家臣らは児島の猟師に助けられ、下津井の「右衛門佐宿」孫右衛門の世話で無事国許に帰った。今回に限らず孫右衛門には「家中ともに上下の船が立ち寄り」世話になっているというので、右衛門佐家老より礼銀が遣わされている。「御宿」を務める国船宿である。

延宝三年九月二八日、安芸広島長兵衛船六端帆加子とも三人乗りが京の上臈島で破船した。この船には広島藩松平安芸守の家来二一人が乗っていた。乗人二五人のうち二一人は、居合わせた和気郡難田《なだ》村（現備前市）の猟船に助けられたが、四人は亡くなった。家中の者は「尾張からの帰り」だったというが、何の御用かはわからない。尾張から大坂までは陸路を通り、大坂から地元の船を雇ったのだろう。

同年一二月二四日、豊前国小倉小早六端帆が下津井沖で破損した。乗人は一〇人、内に佐賀藩鍋島加賀守家中　士《さむらい》二人、小倉藩小笠原遠江守家中士御内《みうち》男一人・女二人が含まれていた。

伊予今治新右衛門船一四端帆は、広島藩松平岩松御用荷物を大坂へ積み上る途中、延宝六年一〇月二日に犬島いわしそわへで座礁した。この船には岩松家中士御内上下三人が同乗していた。「上下」は主人と家来のこと。その一人は女中であった。

延宝七年七月一〇日には広島藩の手船が日生村前の頭《かしら》島で破船している。大坂から広島への戻り船で、家中士一〇人、鉄炮の者一〇人、長柄《ながえ》の者二人が乗り込んでいた。鉄炮・長柄（柄の長い鎗）を持つのは足軽、参勤からの帰りだろう。同じ日に片上村小三郎船六端帆が、日生沖そ島で破船している。福山藩家中上下一一人が乗っていた。小三郎船は大坂で雇われて福山に向かう途中であった。

次は少し変わった事例である。延宝四年一二月一六日、岡山藩の船である大鷹小早が播磨国えみか島（江井島か）前で沈没した。この船は岡山藩船手梶取野路加右衛門をはじめ他に加子一六人が乗り込み、奥州から来た御鷹使者を大坂に送り届ける途中であった。御鷹使者は、鷹匠《たかじょう》二人、餌指《えさし》一人、下々五人であった。彼らは仙台藩松平陸奥守から池田光政へ贈られた鷹を届けに来た者で、一二月一四日に岡山に着いている（『履歴』）。その使者たちを送り返す船が遭難したのだ。この船の船粕は上がったが、死骸はついに見付からなかった。岡山藩にとっては大事件であった。

藩や家中士の飛脚が大坂との往来に船を利用することもあった。延宝二年一月四日に備中水島沖で破損した小倉藩小笠原遠江守小早には肥前唐津藩大久保出羽守飛脚一人が乗っていた。飛脚は類船に乗り換えて豊前に下っている。日向延岡藩に遣わされた飛脚を乗せた岡山藩の小早の事故は、「海難事故と救助」の章で触れている（96ページ）。

飛脚が一般の商人などと一緒に船に乗っている例も少なくない。長州下関中之町孫左衛門船が日生鶴島沖で難船となった事例では、大久保出羽守飛脚三人が京都呉服屋上下二人と同乗していた。福山藩松平日向守御内大嵩弥右衛門飛脚二人は大坂から戻る途中に兵庫和田崎で事故に遭っている。この船には備中庭瀬町人一人・大坂乗物屋一人も同乗していた。

延宝四年一〇月一七日、片上理兵衛船五端帆が播磨国家島沖で大船に当てられて破損し、便船人の美作津山林田《はいだ》町の源十郎という者が溺死した。源十郎は本名を清兵衛と言い、もとは京の者であった。京から下る時には津山藩士和田清左衛門の家来の内に加わり、今度上る時は同じく家中の下村次郎兵衛の飛脚を務めていたという。

飛脚は銀子などを託されて運ぶこともある。讃岐丸亀浜町次郎兵衛船三端帆が赤穂へ渡海の途中、牛窓向島沖で難船した。この船には丸亀藩京極備中守家臣岡勘左衛門の飛脚が乗っていた。飛脚本人は無事であったが、預かった銀子が捨っている。

隠岐島に流罪の者を送る流人船《るにんせん》も瀬戸内を航行する。天和四年（一六八四）二月晦日、流人船に乗せられていた江戸の罪人清兵衛が鹿忍で亡くなった件を「海難事故と救助」の章で紹介した（136ページ）。

商人・大工などの移動

商人・職人や僧侶などが積荷などと相乗りして瀬戸内海を移動することも、しばしば見受けられる。

延宝二年四月七日、九州へ下る途中の筑前国黒崎（現北九州市）七兵衛船七端帆が小豆島前で転覆した。船には肥後・筑後・肥前の商人大勢が乗っていた。他に筑後国明光寺出家上下二人も同乗していた。同じ筑前国黒崎浦の清左衛門船八端帆は、延宝七年七月一〇日に日生沖鴻島《こうのしま》で遭難している。乗人は二〇人、内訳は、筑前国夜須《やす》郡弥《や》永《なが》村（現甘木市）の者四人、同国倉根郡（鞍手《くらで》郡）感田《がんだ》村（現直方《のうがた》市）の者五人、同国直方町の者二人、同国福岡村の出家一人、肥前国佐賀郡扇子町の者五人、同国島原古町（現島原市）の者一人、長門国長府の出家二人であった。

職人では大工が乗っている例がいくつかある。延宝二年一二月一九日、牛窓村与左衛門船三端帆が、讃岐で細工をしていた牛窓の大工を連れ帰る途中、讃岐八島（屋島）浦で難船になっている。翌延宝三年正月一七日には、邑久郡宿毛《すくも》村清蔵船三端帆が讃岐高松へ宿毛大工を送った帰りに、直島の男木《おぎ》島前で破損した。延宝八年五月六日、大坂に向かう途中に室津のからす島で難船となった鹿忍《かしの》村六左衛門船六端帆には、上山田村大工が乗っていた。貞享元年一〇月二五日に播州安河村（英賀《あが》・現姫路市か）沖で難船になった鹿忍村作左衛門船六端帆には、大坂から戻る上山田村大工三人が乗っていたが、三人とも溺死している。いずれの例も、讃岐や大坂で活躍する「邑久《おく》大工」である。

尻海村仁兵衛は九州の杣山《そまやま》で働く杣人《そまびと》二五人を豊前小倉まで運ぶために、播州赤穂中村清左衛門の五端帆の船を延宝七年正月に借りている。杣山は材木をとる山、杣人はきこり。この船が、小倉まで二五人を送ったのちに杣山からの戻り人二人を乗せて帰る途中、周防馬島で破損した。寛文年間（一六六一～七三）には牛窓に六〇〇人もの杣人がいたと言われ〔牛窓町史二〇〇一〕、日向や土佐へも多くの杣人が働きに出ていた。彼らも瀬戸内に特徴的な船の移動者であった。このことはのちにも触れるだろう（225ページ）。

参詣の人びと

備讃瀬戸を通行する者のうち、最も多いのは金比羅《こんぴら》参詣の人びとであったかもしれない。現在の香川県琴平《ことひら》町にある金刀比羅宮《ことひらぐう》への信仰は室町時代から盛んになり始めた。一般に庶民が遠方の寺社に参詣するようになるのは一八世紀に入ってからとされるが、中国地方での金比羅参詣は一七世紀の中頃以降にすでにかなり盛んになっていた。金比羅参詣人が関係した海難事故を表19に整理した。それらに見られる特徴を二、三指摘しておこう。

一つは、参詣人は村や町ごとに数人のグループで、いくつかのグループがまとまって船に乗っていること。例えば、事例②の場合はいずれも備中国の下撫川《しもなつかわ》村一〇人・東山村三人・東庄村三人・立田村三人の計一九人が乗っており、事例⑥の場合は伯耆国八橋《やばせ》郡妻波《つまなみ》

表19　金比羅参詣人の海難事故

年月日・難船場所	船籍地・船主名	乗　人	備考
①延宝 2年 3月 8日 塩飽真島	呼松村与八郎船３端帆	備中清水村14人	5人死亡
②延宝 3年10月 8日 郡村	八浜村次郎兵衛船３端帆	備中下撫川村など19人	13人死亡
③延宝 3年10月10日 日比村沖	北方村次郎兵衛船５端帆	上道郡沼村など30人	24人死亡
④延宝 4年 3月19日 金岡川口	小串村次郎兵衛船３端帆	邑久郡福岡村など11人	残らず死亡
⑤延宝 6年 8月 6日 丸亀前小島	鹿忍村清九郎船４端帆	金比羅参り（村名・人数不明）	
⑥延宝 7年 7月21日 日比西浦	岡山中島町長左衛門船	伯耆八橋郡妻波村など11人	7人死亡
⑦延宝 8年 3月 9日 塩飽砂弥島	中川村夫兵衛船４端帆	上道郡下村など26人	
⑧延宝 8年 3月 9日 塩飽砂弥島	北方村又右衛門船４端帆	西大寺より乗人36人	
⑨貞享 2年10月 8日 米崎前	上内田町長兵衛船	因州・作州者など28人	1人死亡

註）『御留帳御船手』上・下より作成.

村（現北栄町）七人・同国久米郡加須輪村（柏《かしわ》村・現三朝町か）四人の計一一人であった。

二つは、伯耆・因幡・美作など遠方からの者がいること、また参詣人は男が多いが、事例②では娘一人、事例④では女五人が同行していることも注目される。

三つは、船は三端帆から五端帆の小さめの船だが、ほとんどが借り切りである。これらの小型船は普段は運賃積で瀬戸内を航行していて、暇な時にこうしたヒトの輸送で賃銭を稼いだのだろう。参詣人に船を斡旋したのは湊の船宿だと思われるが、残念ながらその姿を記録から確認することはできなかった。

四つは、死亡人の多さである。廻船は

積荷が中心なのでヒトの被害は意外に目立たないが、ヒト専用の輸送の場合はその被害が目立つのだろうか。海に慣れない乗人が多いのも被害を大きくしているのだろう。

金比羅以外では伊勢神宮への参詣人が見られる。岡山大墨町（大黒町）家持久右衛門は伊勢に代参した帰りに大坂から中島町長左衛門船五端帆に便乗したが、船中で患い出し、兵庫沖で死亡している。天和三年六月二六日、岡山中島町次兵衛船四端帆が犬島で破損した。この船には伊勢参詣に向かう長門国安郡（阿武《あぶ》郡）なこ村（奈古、現阿武町）の者七人、伯耆国八橋郡月下村（槻下《つきしも》、現東伯町）の者一二人が乗っていた。長門国の者を世話したのは中島町宿鏡屋六兵衛、伯耆国の者を世話したのは同町宿平岡屋新九郎であった。これらは岡山城下の旅宿であった。この船には岡山商人の積荷もあり、借り切りではなかった。日頃から旅宿が旅人に乗船を斡旋することがあったに違いない。

備前・備中辺りから伊勢に参詣する者は、のちの時期の例を見ても陸路を行く者が多かった。この時期もそうかもしれない。

米の輸送

海上交通の中心はモノの輸送である。船は一挙に大量の物資を運ぶことができるからだ。室町時代にも瀬戸内でのモノの輸送は盛んであったが、その多くは米か塩であった。それが江戸時代になると質量ともに大きく変化する。多様なモノが大量に輸送されるようになるのだ。と言っても、米が物流の中心であることは変わらない。なお、先に紹介した讃岐直島周辺での海難事故を分析した徳山久夫の研究によれば、貞享元年（一六八四）から元禄一三年（一七〇〇）までの難船の積荷は、米が中心で、他には大豆・小豆・畳表・松葉・薪・干鰯・紙・鍬《くわ》・車・小間物がわずかずつ見える〔徳山一九七八〕。「御留帳御船手」からはもう少し詳しい状況がわかるのだが、まずは物流の中心であった米の輸送から話しを始めてみよう。

岡山藩の廻米と欠米

岡山藩の廻米についてはこれまでも述べているので、多くは触れない。ここでは廻米にともなう欠米《かんまい》（「込米《こめまい》」ともいう）について述べる。欠米というのは、米を輸送する際に俵から米が漏れ出て、俵の内容量が目減りすること、またその米のことをいう。輸送中にある程度の欠米が出ることは不可抗力とされたが、その量が余りに多いと輸送者の不手際とされたり、意図的な抜き取りが疑われたりして、一定量を超えた欠米については弁済《べんさい》が命じられた。のちにはあらかじめ一定量を欠米として徴収することもあった。ただし、この頃は欠米についての対応は定まっていなかった。寛文八年（一六六八）六月二一日の評定で次のようなことが議論されている（『評定書』）。

岡山藩では前年の秋からこの年の春までに、町船四艘で江戸へ藩米五二五五俵を運んだ。この廻米の内一五石八斗二升八合の欠米が出て、金三九両一歩と銀二九匁三分を船頭たちが江戸で弁済した。岡山藩の一俵は三斗二升だから廻米総量は一六八一石六斗、欠米はその〇・九％余にあたる。しかし、弁済銀が多くて船頭たちは迷惑した。そのため今年は江戸廻米の請負を嫌がる船主が出ているというのだ。評定では、「藩の船手の加子が上乗《うわのり》として乗っているのに出た欠米だから、その責任を船主に負わせるのは酷だ」という意見が出されている。「上乗は海上で難破を避けるために積荷を刎ね捨てるときの証人として乗っているのであって、欠米を監視するためではない」という反論もなされた。その上で、今年は江戸で欠米の弁済をさせることはせず、欠米の量と相場を書き付けさせて、国許で改めて僉儀《せんぎ》することになった。

その後の経緯はよくわからないが、個別に状況を判断して対処していたようだ。延宝元年（一六七三）に一四一〇俵を江戸に運んだ日比村甚左衛門船の場合、一俵につき二合七勺が見免《みゆる》し、二合三勺四才が欠米とされ、両方合わせた五合四才が御免《ごめん》とされた。つまり弁済を免れたのだ。これは一俵の一・六％にあたる。同じ時に一六二〇俵を運んだ西大寺七郎兵衛船は、一俵につき九合五勺四才の欠米が出た。これは一俵につき約三％の欠米が出たことになり、他に比べてやや多い。評定では、先の日比船と同じ五合四才が江戸で御免とされ、それを指し引いた一俵につき四合五勺、あわせて二二俵二斗五升を国許で御蔵納めするようにと、弁済を命じられている。

寛文八年九月晦日の評定では大坂廻米の欠米が議論されている（『評定書』）。大坂廻米の場合は、大坂で船頭に欠米を弁済させ、その上に過銭《かせん》（罰金）も徴収していたようだ。そのため船頭が現地で勝手に船を売ってしまうということもあったらしい。前年に訪れた幕府巡見使も岡山藩の役人に、「欠米を弁済させた上に過銭を取るのはなぜか」と問い糺している。実際は、岡山の船からは過銭を取っているが、片上の船からは「他に舟の働き口がない」という理由で過銭を取っていない。今後は欠米は大坂で弁済させ、過銭は岡山に帰ってから船持・船頭を船奉行・町奉行が穿鑿《せんさく》することにしてはどうか、と船奉行の中村主馬が提案した。これに対しては、「片上船は慥かな加子を雇っているが、岡山船は吟味もせずに安く加子を雇っているので、船頭も知らないうちに加子が米を盗む。過銭を取ると言っておいて船主に加子の吟味を厳しくさせるべきだ」という意見が出た。岡山では素性《すじよう》の確かでない流れ者が雇われることが多かったのだろう。また、「夏を過ぎた米は俵を明けたときに粉になっている量が多いから、米を出す時期によって欠米の見免しを多くしている」という指摘もあった。「別義なく御米を届けた者には褒美も遣わされており、過銭米を取り立てて、それを暮れに褒美に割符して遣わしてはどうか」という提案や、「この八月末の江戸廻米では一俵につき五合の欠米が出た」という報告もあった。結局この日は結論が出なかった。しかし、その後過銭が徴収された記録は見当たらない。

延宝二年九月二一日の評定では、片上船の大坂廻米の欠米が議論されている（『評定書』）。片上船二艘の内、三四〇俵積の船は一俵につき一升一合五勺、もう一艘の三〇〇俵積の船は八合の欠米が出た。「特に扱いに問題があったようには見えないし、土用《どよう》を過ぎた米でもあるので、一合ほど見免しをしてはどうか」という提案であった。評議の結果、見免しは認めず、残らず取り立てるよう仕置家老が命じている。

延宝五年閏一二月二一日に江戸廻米の欠米が再び議題に上っている。日比村平八船で大分の欠米が出たが、「払えないので国許に帰ってから払いたい」と言う。「鴻池《こうのいけ》米舟」も欠米を早々に銀子で払っているから直ぐに払うよう命じたところ、船の綱碇を売り、類船の食料米を借りて一〇両分は払ったが、残りの九俵二斗五升五合分は国許で払いたいと断った。どうすべきかという問い合わせが江戸留守居からあったのだ。寛文一二年九月に日比村甚左衛門船で欠米が出たとき、古米であったので御免になった。平八船も古米を運んでいて、上乗も乗っていたのだから「鴻池船」とは事情が異なる。九俵二斗五升五合については御免にしてよいのではないか、というのが船手の意見であった。船手に書付を調べさせたところ、寛文九年一一月二一日の評定で、少分の欠米は江戸で船頭に払わせ、大分の場合は国許で出させるように決められていた。その上で先に触れた延宝元年の日比船と西大寺船の場合が先例として報告されている。評議の結果、残りの九俵余は御免とする方向で藩主綱政の意見を伺うこととなり、翌日綱政からも残りは御免にするよう仰せ渡しがなされた。なお、「鴻池船」は大坂商人鴻池善右衛門の手配した廻米船。鴻池は岡山藩が大坂商人から借銀する際の取りまとめを行っており、その関係で大坂蔵屋敷の藩米を江戸に廻漕する手配を行っていた。のちに元禄一〇年（一六九七）からは「御《お》払《はらい》米《まい》代《だい》銀《ぎん》掛《かけ》屋《や》御用《ごよう》」を仰せ付けられている〔倉地二〇一九〕。

表20　延宝6年江戸廻米船の欠米

船名	廻米(俵)		欠　米	1俵につき
日比村長太夫船		1,930	66俵2斗4升8合	1升1合2勺4才
日比村平兵衛船		1,685	53俵2斗	1升　3勺6才
北浦村市郎兵衛船	次米	1,242	38俵2斗9升2合8勺2才	1升　2勺1才
	古露張米	50	1俵2斗4升1合9勺	1升1合3勺5才
	新露張米	23	2斗5升7合6勺	1升1合2勺
	古籾	50		
	新籾	45	2斗7升	6合
小串村五左衛門船	次米	927	20俵　9升1合7勺	7合1勺
	古露張米	50	1俵2斗3升6合5勺	1升1合2勺
	新露張米	23	7升7合5勺1才	3合3勺7才
	古籾	50		
	新籾	45		

註）『御留帳御船手』より作成．「露張米」は稲の品種で赤い大唐米．

延宝六年夏に日比村長太夫船・平兵衛船および北浦村市郎兵衛船・小串村五左衛門船の四艘が江戸廻米を命じられた。しかし、欠米が多く出る時期だったので、四人の船主は御用を断りたいと願った。これに対して船奉行から、欠米が出た場合は国許で相談に応じるという返答があったので、やむなく引き受けた。廻米は無事江戸に届けられたが、案の定大分に虫が入り、欠米が多く出た。しかも、下田や江戸入湊に手間取って思いの外に出費がかさんだ。その上、市郎兵衛船と五左衛門船は岡山へ戻る途中に破損している。岡山に帰った後、船主四人から欠米御免を願う口上書が出され、上乗からも書付が提出された。上乗の書付から欠米の状況を整理したのが表20である。

単純に総計してみると廻米量は六一二〇俵、欠米は約一八五俵になるから、欠米は平《なら》して一俵につき九合六勺七才余、率にして三%になる。この議題は同年一一月一六日の評定内《うち》寄合《よりあい》(定例日とは別に行われる会合)に提起され、評議の結果、長太夫・平兵衛船は三分の二赦免、市郎兵衛・五左衛門船はすべて赦免となった。

欠米の処理は状況次第で、総じて見ると、藩の側でも船持・船頭の負担に配慮している様子がうかがえる。

備前船による幕府城米輸送

幕府の城米輸送については前にも述べている(144ページ)。「御留帳御船手」には、寛文一三年五月二三日に延沢(現尾花沢市)城米三斗七升入一五〇〇俵を運んでいた大坂伝法与次右衛門船が下津井沖で破損した事件をはじめ、いくつかの事例が記載されているが、ここでは備前船による事例だけを取り上げる。それを表21にまとめた。

江戸時代前期の城米輸送は、塩飽船がほぼ独占的に行っていたので、備前船による輸送は多くない。ただ注目されるのは、事例③④⑤⑥は江戸への輸送であり、事例①②も出船地・積荷や請負人など事例③との類似性が高いので江戸行きであったと考えられる。とすれば、すべてが瀬戸内から江戸への輸送であったことになる。④の事例については「海難事故と救助」の章で既に触れている(122ページ)。ここでは事例③を紹介しておこう。

積荷	備考	
豊後丑ノ城米310石・大豆200石	船請負人大坂佃屋伊右衛門	①
豊後丑ノ城米228石5斗・大豆286石	船積請負人佃屋伊右衛門	②
豊後丑ノ納米300石・大豆160石	佃屋伊右衛門請相	③
備中城米540石	代官彦坂九平次手代川上三右衛門	④
播磨加東郡城米524石	代官手代，船請負加田屋伊右衛門	⑤
備中国城米280石	安乗浦御城米役人磯崎庄左衛門	⑥

北浦村六大夫が積んだのは豊後代官山田清左衛門の年貢米六〇〇俵と大豆三二〇俵であった。いずれも五斗入とあるから、合わせて四六〇石。延宝二年八月五日高松原村（現大分市）湊を出船、大分郡松原村（同前）庄屋茂兵衛が上乗として同乗した。豊後深江浦を出たのが九月九日、同月二二日から二六日まで児島小串に滞船した後、江戸に向かったが、一〇月九日難風のため遠江貝塚（現磐田市）沖で水船になっている。船頭・加子・上乗あわせて一二人は橋船に乗って命からがら西島村（同前）に上がった。翌日には浜松藩の役人もやって来る。近所の猟船が多数出て、濡米四四五俵、濡大豆二九二俵が取り上げられた。六大夫は加子一人を江戸に送り注進した。江戸から佃屋伊右衛門の手代七兵衛が幕府勘定奉行から浜松藩主太田摂津守へ宛てた書状を持って二二日に着く。翌二三日、浜松藩郡奉行と七兵衛立ち会いの下で米と大豆の入札が行われ、高札《たかふだ》（一番高い値を付けた札）に売り払われた。六大夫たちは、

表21　城米輸送中の備前船の海難事故

年月日・難船場所	船　名	出船地
①延宝 2年 8月17日豊後日出浦	北浦村加兵衛船17端帆	豊後高松浦
②延宝 2年 8月17日豊後小浦	北浦村六右衛門船	豊後浜脇浦・亀川浦
③延宝 2年10月 9日遠江貝塚	北浦村六大夫船16端帆	豊後高松原村湊
④延宝 3年11月 8日志摩相差浦沖	北浦村四郎大夫船16端帆	備中笠岡浦・江長浦
⑤延宝 9年 7月 3日熊野大島湊口	日比村治左衛門船18端帆	播磨高砂
⑥延宝 9年 9月 6日伊勢国沖	金岡村弥左衛門船	備中玉島

註）『御留帳御船手』上・下より作成．①②③の「佃屋」と⑤の「加田屋」は同一人物と思われる．

船粕を処分した後に帰国を許されたようだ。

これに対して事例⑥の場合は、すんなりとは終わらなかった。この事件については、難船までの経過を先にも取り上げている（124ページ）。なるべく重複しないように述べてみよう。金岡村弥左衛門船は船頭加子とも七人乗り。延宝九年五月八日に都築長左衛門代官所の城米京舛四斗入七〇〇俵を積み、備中玉島湊（現倉敷市）を出船、上乗は本《もと》堀《ほり》村（現矢掛町）弥次右衛門であった。六月一二日には志摩国安乗浦に入船、御城米役人磯崎庄左衛門の改めを受けている。安乗浦では二八日まで日和待ちをし、同月晦日に伊豆国を目指して出船したが、失敗。その後も何度か渡海を試みるが、うまくいかず、ついに九月六日に大雨のため伊勢国沖で水船になり、橋船に乗り移って安乗浦に帰り着いた。御城米役人の改めを受けたが、船とともに沈んだ米俵は一俵も取り上げられなかった。その後弥左衛門は江戸で吟味を受けたが、「何の子細もなし」ということで帰国が許され、翌天和二年（一六八二）正月一七日に金岡村庄屋に帰国の報告を行っている。ところが五月六日になって弥左衛門は江戸に下るように仰せ付けられた。早速大坂まで上り、御城米請負人の宍喰屋《ししくいや》三郎右衛門および下請の網屋利兵衛・船宿備前屋佐左衛門に会った後、五月一三日に大坂を発ち、同月二三日に江戸に着いた。備中代官都築長左衛門に呼び出された上乗庄屋年寄も六月七日に着き、九日に一同揃って評定場に出頭した。役人の仰せは、庄屋年寄上乗船頭に僉儀することはない、米代の弁償金は請負の宍喰屋が出すように、ということであった。その後一八日、二七日にも評定場に出たが、変わることはなかった。ところが、二九日に彦坂の所に行くと、宍喰屋からは家質《かじち》を取り、弁償金は船頭上乗に仰せ付けると言い渡された。家質は借金の抵当として屋敷を差押さえること。彦坂から渡された「割符之覚」によれば、船頭加子七人分金三九五両、上乗一人分七三両を五年賦で上納せよ、とのことであった。評定場での話しとは違うと弥左衛門は訴えたが、全く埒《らち》が明かない。その後も大坂や備中で交渉を続けるが何ともならず、弥左衛門は再度幕府評定所への訴訟を決意する。それが八月二六日のことだが、残念ながらその後の記載はない。弥左衛門は実際は孫請けで請負の責任は宍喰屋にあったのだが、幕府による弁償金の請求を拒みきれなかっただろう。藩の場合に比べて幕府の取り立ては非情に見える。

金沢藩の廻米

岡山藩以外の藩の廻米を備前の廻船が請け負うことも少なくない。そのうちこの時期に廻米量が最も多かったのは金沢藩（加賀藩）である。金沢藩は加賀・能登・越中三国にわたり一〇〇万石以上を領する大藩だ。江戸時代の初めは敦賀《つるが》・小浜《おばま》・大津に運んで売り払っていたが、その量は藩の経済規模に見合ったものではなかった。そのため、寛永一五年（一六三八）に試験的に大坂への廻米が行われた。その後正保四年（一六四七）に上方船を雇っての大坂廻米が本格的に始まったという〔高瀬一九七九〕。このとき大坂の備前屋が蔵宿とされ、木屋と升屋に船才許《ふなさいきょ》（廻米船の手配）が命じられた。蔵宿は大坂廻米の貯蔵・売買を請け負う商人で、各藩が大坂に設けていた。日本海・瀬戸内海を通じた大坂廻米は、廉価で大量の輸送が可能であったため、以後このルートでの廻米が盛んになり、多い年には一〇万石ほどもあったという〔同前〕。廻米量の増加にともなって瀬戸内各地の廻船が金沢藩米の輸送に関わるようになる。

岡山藩の記録から備前船による金沢藩米の輸送がわかるのは、寛文八年からである。この年、日比村吉右衛門船が金沢藩の廻米を積むために北陸へ下り、能登国福浦《ふくら》で破損している。船粕を銀二〇〇匁に売って帰ってきた。吉右衛門には江戸廻米の欠米未払いがあったが、困窮のためその弁済を猶予することが七月一〇日の評定で決められている（『評定書』）。遠距離輸送に従事する大型船の業態がわかる事例でもある。「御留帳御船手」には、

表22-1　金沢藩米輸送中の備前船の海難事故

年代	船数(艘)	積石計(石)
延宝 2年	5	1,080.0
延宝 4年	21	8,384.5
延宝 5年	10	2,590.0
延宝 6年	4	1,420.0
延宝 7年	1	370.0
延宝 8年	1	400.0
天和 2年	1	400.0
天和 3年	1	420.0
貞享 1年	1	350.0
貞享 2年	3	1,520.0
計	48	

註)『御留帳御船手』上・下より作成.
積み込み以前の船は除く.

延宝元年に北浦村の船四艘が加賀米輸送に出掛けているとの記事が見えるが、詳細はわからない。

延宝二年以降は海難事故の記事から様子がわかる。船数と積石数を表22－1に整理した。この他に廻米を積み込む前の事故が四件あり、備前船の事故は五二例になる。年によってかなりバラツキがあるが、事故記録なので実際の活動状況がわからないのは残念だ。それでも最も件数が多い延宝四年は二四艘が輸送に従事しており、積米は積み込み前の三艘を除く二一艘分の合計で八三八四石五斗になる。この年の備前船による廻米量が一万石を超えていたことは間違いないだろう。

廻米に従事しているのは一〇端帆から一九端帆の大型船で、乗組員は五、六人から一一、三人。船籍地を表22－2にまとめた。金岡村が抜群に多く、日比・西大寺・郡と続いている。表22－3には廻米の積み出し地を整理した。図9（87ページ）も参照していただきたい。表のうち岩瀬湊（現富山市）は神通《じんつう》川河口にある湊町で、右岸側が新川《にいかわ》郡東岩瀬村で金沢藩領、左岸側が婦負《ねい》郡西岩瀬村で富山藩領、ともに藩米の積み出し地であった。史料には「岩瀬」とあるだけだが、いずれも「松平加賀守様（前田綱紀）大坂御上米」と記されているので、東岩瀬で積み出された金沢藩米である。なお、廻米輸送中の事故については、「海難事故と救助」の章でも触れているので振り返ってほしい。ここでは、そこでは触れなかった事例を二、三紹介しておこう。

その一。金岡村又次郎船は、延宝二年四月二九日に廻米一九〇石を積んで能登輪島を出船、六月一三日長門国角《つの》島で難破した。翌一四日地元の猟船に助けられて島戸浦（現下関市）に入港、長府浦奉行の改めを受けた。「下関加賀奉行」にも飛脚を送り、坂田伝八と下関宿佐甲伝兵衛がやって来る。積米は運賃米を含めて二〇六石一斗で、運賃米の内二石五斗は船中での食料に消費したため、差引二〇三石七斗。この内船内に残った乾米《ほしまい》（干

表22-2　金沢藩米輸送船の船籍地

船籍地	船数（艘）
上道郡金岡	22
西大寺	6
児島郡郡	5
北浦	3
小串	4
日比	7
邑久郡乙子	1
牛窓	3
和気郡日生	1
計	52

註）『御留帳御船手』上・下より作成．積み込み以前の船を含む．

表22-3　金沢藩米積み出し地

地名	船数（艘）
越中国岩瀬	8
伏木	6
氷見	2
能登国七尾	1
熊木	1
笠師	2
田鶴	2
宇出津	1
輪島	1
川尻	1
加賀国宮腰	12
安宅	9
計	46

註）『御留帳御船手』上・下より作成．

米）・片濡米が八五石五斗、海中から取り上げた大濡米が六〇石、残り五八石二斗が捨り米になった。有米の内、片濡米五石は又次郎が大坂までの食料米に借用、大濡米の一〇分一は御定の礼として所の庄屋に渡し、残った乾米・片濡米・大濡米を坂田・佐甲の立合のもとで入札に掛け、銀六貫二八〇匁四分七厘七毛で売り払った。加子一人が難船の際に死亡したので、その弔いを済ませた後、又次郎たちは自船で大坂に銀子を届けている。

その二。延宝四年七月四日に長門国で難船になったものが四例ある。この時にも積荷の処理に佐甲伝兵衛があたっている。この四艘の場合は、半濡米・大濡米を入札で売り払い、生米《なまごめ》（濡れなかった米、干米《ほしごめ》）は船頭が自船で大坂まで運んでいる。これ以降の事例では、生米は現地で売り払うのではなく、できる限り大坂に送り届けるよう処置されている。大坂米相場の方が高値で売れたからだろう。

その三は難船ではなく、大坂到着後に紛争になった例。郡村九兵衛は加賀国宮越で廻米一七〇石を積み五月七日に出船、大坂へは八月二九日に着き、「肥前屋」に米一四九石五斗を納めた。「肥前屋」は金沢藩蔵宿の備前屋のことだろう。不足米二〇石五斗を払うように命じられた九兵衛は、逐電《ちくでん》して行方不明になってしまう。子の権太郎が調べてみると、途中越前三国（現坂井市）で八石、但馬諸寄《もろよ》（現新温泉町）で一〇石、石見浜田で五石、計二三石を売り払っており、それは運賃米だと聞いていたが、運賃米は前銀などの借銀返済に充てられていた。権太郎はやむなく一〇端帆の船を売り払って不足米の弁済を行うことにしている。

興味深いのは、事故の後で積荷の処分を行った人物である。能登・加賀など金沢藩内で破船した場合は、庄屋から連絡を受けて現地にやって来た金沢藩の出船奉行や所の奉行が処置にあたっている。ところが、他国で難船になった場合も、船頭や所の庄屋の連絡によって金沢藩の役人が駆け付けているのだ。彼らは、「加賀守奉行」とか「加州岡廻り奉行」とか呼ばれている。延宝四年に越前安島で破損した事例が三件あるが、いずれも「成田吉之丞」という人物が立ち合っており、彼の肩書きは「加賀守浦奉行」とある。安島に在勤しているようだ。延宝五年五月に越前宿浦で破損した事例に見える「加州岡廻り杉浦勘左衛門」も、安島に在勤の奉行だろう。貞享二年四月に若狭小浜で破損した事例に見える「加州陸廻り奉行福岡半右衛門」の在勤地はわからないが、丹後・但馬・因幡での例では但馬諸寄から「加州岡廻り奉行」が駆け付けている。出雲で難船した三例では、いずれも温泉津《ゆのつ》（現大田市）から金沢藩の奉行が来て立ち合った。長門国の須佐（現萩市）付近で遭難した四例の場合は、瀬戸崎から「加州奉行」「加賀守御内」が来た。瀬戸崎は石見浜田の瀬戸島《せとがしま》のことだろう。同じ長門国の下関は西廻り航路の結節点である。ここにも金沢藩の「岡廻り奉行」が常駐している。先に紹介した佐甲伝兵衛は、肩書きに「下関御宿」とあるから、金沢藩の船宿である。伝兵衛は「下関番人」「代官」「宿主」とも呼ばれている。地元の船宿で金沢藩の奉行の下代《しただい》も務めていたのだろう。延宝四年六月に浜田沖で難船になった西大寺村伊兵衛船の事例に見える「石州浜田宿藤屋与次右衛門」もそうした下代を務める船宿かもしれない。周防家室《かむろ》にも金沢藩の奉行が居たようだが、延宝六年五月に伊予国岩城《いわぎ》で破損した小串村伝左衛門船の事例に見える「奉行坂井小右衛門」は在勤地不明。それより東は、室津まで「岡廻り奉行」は見えない。他領船を含めて備前での事故は七例あるが、いずれも室津から金沢藩の「岡廻り奉行」が来て立ち合っている。延宝六年五月に播州丹加島で起きた事故に駆け付けた役人は「室津加賀守御米遠見之衆」であった。このように金沢藩では、西廻り航路の要所に藩の役人を配置して、廻米輸送に万全を期していたのだ。幕府の城米輸送についても、要所に「城米改め」の役人が常駐していたが、それにならったものだろう。藩にとっての大坂廻米の重要性がうかがえる。なお、五二例中江戸まで廻送されたことが確実なものは見当たらない。

津山藩の蔵米輸送

津山藩の蔵米輸送も備前船の重要な業務であった。それを差配したのが岡山、金岡・西大寺、片上の蔵本であったことは先にも触れている。このうち金岡・西大寺の蔵本と所の船持との間に延宝五年に争論が起きている。この争論については本書「瀬戸内海の交通環境」の章でも触れた（55ページ）が、すでに森元純一も丁寧な分析を行っている〔森元二〇〇〇〕。それも参考にしながら、事件の概要を述べてみよう。

延宝五年一〇月一八日、金岡村船持一一人と西大寺村船持一〇人がそれぞれの蔵本を岡山藩船手役所に訴えた。蔵本たちは自分たちの船に廻米を優先的に積み、自分たちの船が出払っている時には村内の中村に米を囲い置いて、戻って来た自船に積ませるという仕方で、他の船に廻米を積ませないようにしている、というのだ。訴えを受けた船手では双方の意見を詳しく糺した。蔵本は脇船《わきぶね》にも自船にも戻り次第積ませていて、脇船を排除しているわけではない、と主張した。脇船は蔵本の自船以外の一般の船。その船持たちは、蔵本の独占的な処置を批判するとともに、自分たちにも積荷を順次配分する「廻《まわ》り積《づみ》」を願っている。船持によれば、岡山では蔵本から配船を船年寄の郡屋吉兵衛に依頼し、吉兵衛は船持に順次積ませ、積み余りがあれば自分や船組頭忠右衛門の船に積み、それでも余ればば岡山以外の浦船に積ませており、片上も「廻り積」だと言う。こうした「廻り積」方式を金岡・西大寺でもとるようにと船持たちは願ったのだ。船手は津山藩の意向も確かめた。津山藩にとっては廻米の確実な実現が最優先であり、特定の蔵本に任せるほうが安心であった。そのため「廻り積」には反対で、従来通りのやり方を支持している。

この問題は一〇月二九日の評定で僉儀され、津山藩米の扱いは従来通りとし、高瀬船か

表23　津山藩米輸送中の備前船の海難事故

年月日	船主名	俵・石数	備　考
①寛文12年11月25日	中島町久蔵	120俵	蔵本山崎屋九右衛門
②延宝 2年 1月10日	金岡村善兵衛	1,200俵余	津山藩江戸屋敷早川弥次右衛門
③延宝 2年11月18日	中島町助十郎	165俵	山崎屋九右衛門より請取
④延宝 2年12月 8日	油町伝右衛門	120俵	塩屋新右衛門
⑤延宝 4年10月24日	久山町忠右衛門	399俵	津山藩大坂蔵屋敷寺田次右衛門
⑥延宝 4年11月 4日	西大寺村三郎太郎	200俵	作州大坂奉行手代鈴木新八郎
⑦延宝 4年11月17日	油町彦三郎	270俵	作州米奉行各務平太兵衛
⑧延宝 4年12月 2日	片瀬町多左衛門	270俵	大坂蔵屋敷鈴木新八
⑨延宝 5年12月 3日	油町源右衛門	411俵	大坂蔵本塩屋庄兵衛
⑩延宝 5年12月20日	内田町与右衛門	280俵	岡山蔵本福島屋平左衛門
⑪延宝 5年12月20日	紺屋町又兵衛	278俵	岡山蔵本福島屋平左衛門
⑫延宝 5年12月20日	片瀬町太郎兵衛	241俵	大坂蔵屋敷寺田治右衛門
⑬延宝 5年12月20日	内田町忠三郎	300俵	大坂蔵屋敷寺田治右衛門
⑭延宝 5年閏12月 3日	藤野町久蔵	170俵	兵庫御宿大光屋三郎右衛門
⑮延宝 6年 9月29日	岡山船頭太郎大夫	450俵	大坂蔵屋敷久島市左衛門
⑯延宝 6年11月27日	西大寺村松右衛門		兵庫網屋新九郎
⑰延宝 7年11月 1日	内田町彦兵衛	140俵	大坂蔵本小豆屋利兵衛
⑱延宝 7年12月 5日	藤野町彦右衛門	150俵	大坂蔵屋敷久島市左衛門
⑲延宝 8年10月11日	片上村吉右衛門	310俵	久島市左衛門，塚田権内
⑳延宝 8年12月13日	平野町三郎右衛門	140俵	塚田権内
㉑天和 1年11月 4日	西大寺村長兵衛	280石	大坂より戻り船
㉒天和 1年11月18日	片上村又左衛門	200俵	乙子より出船，久島市左衛門
㉓天和 2年10月20日	片上村弥三郎	242俵	乙子より積出，作州御蔵手代下り
㉔天和 2年10月20日	片上村惣左衛門	250俵	乙子より積出，御蔵手代栃井武助
㉕天和 2年10月20日	片上村四郎左衛門	200俵	乙子より積出，御蔵手代栃井武助
㉖天和 2年11月 5日	舟着町六右衛門	1,500俵	作州蔵本福島屋・山崎屋
㉗天和 3年10月15日	藤野町源右衛門	530俵	小串出船，岡山蔵本福島屋

註）『御留帳御船手』上・下より作成．

ら直ぐに海船に積み、少しも米を陸に上げない、また蔵本船に積み残りが出た時は村中の船に甲乙なく積ませるように、と命じている。岡山藩としては、津山藩米が陸揚げされて、そこから領内に抜け売りされることがないようにすることが最大の関心事であり、それ以外は従来通りという立場だったのだ。

以上を踏まえて津山藩の蔵米輸送について見てみよう。表23は津山藩米を輸送中の備前船の海難事故をあげたものである。

蔵本との関係では、岡山の船一八例のうち船組頭忠右衛門の船が一艘（⑤）あるほかは、岡山城下の船持にばらけていて、特定の船持への集中は見られない。事故事例からは岡山以外の周辺の浦船への積み込みは確認できない。蔵米の積み込みは蔵本の山崎屋と福島屋が行っている。この両人が木屋与一兵衛に代わって岡山での蔵本を命じられたのだろう。金岡・西大寺船の場合も、金岡蔵本の善兵衛船が一艘（②）あるほか、他の三例（⑥⑯㉑）は蔵本以外の一般の船である。事例が少ないので何とも言えないが、延宝五年の紛争前後で違いは認めにくい。むしろ、延宝八年以降片上船の事例（⑲㉒㉓㉔㉕）が増えるのが気になる。事故にならなかったので表には載せていないが、天和二年には片上村小三郎船・長八船も津山藩米を輸送している（107ページ）。これらはいずれも乙子村積み出しで、紛争後に金岡・西大寺からの積み出しが敬遠された結果かもしれない。

中の備前船の海難事故

船主名	積荷	備　考
日比村甚左衛門	能代米1,511俵他	大坂小島屋次郎兵衛
日比村重右衛門	能代米1,700俵他	大坂小島屋清兵衛
日比村十右衛門	津軽米1,170俵	大坂島屋作右衛門
久山町忠右衛門	秋田商人米1,398俵	秋田喜左衛門
北浦村太郎兵衛	庭瀬藩上り米200石	庭瀬藩大坂蔵本上納
日比村藤左衛門	対馬藩米1,750俵他	対馬守屋敷番岩井治部右衛門
日比村長兵衛	上山藩江戸上り1,320俵	酒田積出，大坂蔵本立合
北浦村甚左衛門	鳥取藩上り米166俵	大坂ゑのこ島七右衛門請相
中島町甚九郎	水谷様御米30俵他	兵庫蔵本網屋新右衛門
金岡村八郎兵衛	矢島蔵米1,504俵	仙台伊勢屋与四郎請相
中島町庄兵衛	水谷様御米40俵他	姫路藩大船頭改
片瀬町市左衛門	水谷様御米60俵他	大津屋次郎兵衛へ参る
小串村又大夫	越後村上米640俵	新潟積出，能登屋新蔵買請
片上村利右衛門	鳥取藩米265俵	米子積出，船肝煎因幡屋・坂本屋

上・下より作成.

大坂では大坂蔵本と津山藩屋敷の役人が浦手形や難船後に残った米の確認を行っている。兵庫宿の大光屋三郎右衛門は大坂屋敷との連絡にあたっており、津山藩御用達の船宿であった。前にみた（160ページ）「おミつ屋三郎右衛門」と同一人物。江戸まで蔵米を運んだ事例は一艘（②）のみである。この船については伊豆大島への漂着事件として先に「海難事故と救助」の章で触れている（131ページ）。蔵米輸送をすべて備前船に頼らざるを得ない津山藩としては、輸送リスクの高い江戸ではなく、確実な大坂で大部分の蔵米が処分されたと考えてよさそうだ。

備前船による他藩米の輸送

備前船による領主米の輸送は、岡山藩米を除くと金沢藩米および津山藩米がほとんどであった。それ以外の事例を表24にまとめてみた。その数は決して多くない。

表24　他藩米輸送

年月日
①寛文13年 5月14日
②寛文13年 5月14日
③延宝 4年 7月 4日
④延宝 4年 7月 4日
⑤延宝 6年11月15日
⑥延宝 6年11月18日
⑦延宝 7年 6月 7日
⑧延宝 7年 7月 8日
⑨延宝 7年12月11日
⑩天和 2年 6月 5日
⑪天和 2年11月 3日
⑫天和 2年12月19日
⑬貞享 1年 6月15日
⑭貞享 3年 5月17日

註）『御留帳御船手』

そのなかでも目立つのは、津軽（③）・出羽（①②④⑦⑩）・越後（⑬）から鳥取（⑧⑭）・対馬（⑥）までの日本海側からの輸送である。ただし稼働は散発的で、加賀藩米のような継続的なものではない。これらは大坂の商人に雇われて運賃積をするもので、当時の船稼ぎが場当たり的なものであることを示すものでもあるだろう。他は備中からの少量の輸送である（⑤⑨⑪⑫）。事例⑦の出羽上山《かみのやま》藩米は大坂を経由して江戸まで運ぶもので、注目される。

なお、表24の事例③④⑥⑩については、「海難事故と救助」の章のなかで触れているので、参照していただきたい（81・82・98・92ページ）。

塩・海産物・材木・石材

塩の輸送

室町時代の瀬戸内交通で米に次いで重要だったのは塩である。それは、江戸時代前期でも同様であった。塩の生産は瀬戸内の各地で盛んであったが、備前国では特に邑久郡・児島郡の入江に多くの塩浜が作られていた。表25は塩の輸送中に起きた海難事故を整理したものである。製塩では濃縮した海水を釜で炊くために大量の薪が使用される。この薪を塩木《しおぎ》という。松葉が最良とされたが、茅《かや》や葭《よし》なども使われたという。その輸送中の事故も表25には参考としてあげている。表からは、塩の輸送に四つのパターンがあったことがわかる。

一つは、瀬戸内航路の中心である大坂への輸送である（②⑤⑥⑯㉒㉔㉕）。船はいずれも五端帆前後の小型のもので、備前船（②⑤㉒）や讃岐船（㉕）などは地元産の塩を運んで

表25　塩・塩木の輸送

年　代	船主名	積　荷	備　考
①寛文12年	郡村小太郎	江戸行き塩220俵他	荷主牛窓七右衛門
②　〃	邑久郷村忠右衛門	塩153俵	荷主宿毛村吉兵衛
③延宝 5年	胸上村伝右衛門	岡山売り払いの塩4斗入41俵	胸上村積出
④　〃	金岡村市右衛門	江戸行き塩1500俵	備中松山大坂屋七郎右衛門
＊　〃	東太地村平左衛門		讃岐南摩利村へ塩薪買い
⑤延宝 6年	邑久郷村平左衛門	大坂行き塩165俵	
⑥　〃	長州藤曲村七郎右衛門	塩13俵他	他に烏賊1万2700枚
⑦　〃	紀州新宮左五兵衛	江戸行き塩5斗入1600俵	児島塩生村之内高島積出
⑧　〃	西片岡村半七	江戸行き塩1222俵	荷主乙子塩屋2人
⑨　〃	北浦村庄兵衛	下関にて塩売り戻り	
⑩　〃	胸上村次郎助	鞆・下関・長崎にて塩売り	小兵衛船と類船
⑪　〃	胸上村小兵衛	鞆・下関・長崎にて塩売り	次郎助船と類船
⑫　〃	郡村小太郎	伊豆にて塩420俵程捨り	阿波北泊岡田弥五右衛門塩
⑬　〃	北方村平兵衛	備中成羽五兵衛塩	備中宮ノ浦平四郎へ渡し戻り
⑭延宝 7年	日比村長大夫	江戸行き塩2030俵	荷主上の町灘屋半十郎
⑮　〃	播州七兵衛	讃岐へ塩買い	
⑯　〃	大坂長堀さこや小兵衛	胸上村へ塩積に参る	
⑰　〃	小串村喜右衛門	下関にて塩53俵売る	小串村ヨリ積出
⑱　〃	厚村又左衛門	下関にて塩売り	厚村ヨリ積出
＊　〃	邑久郷村船計3艘		牛窓ヨリ塩木積
⑲延宝 8年	小串村助兵衛	江戸行き塩700俵	岡山灘屋半十郎
＊　〃	下山坂村与一郎	豊島甲生浦にて塩木積	
＊天和 1年	安芸倉橋島久蔵		赤穂へ塩木売り
⑳　〃	紺屋町助大夫	江戸行き塩大俵1250俵	仁保屋長兵衛塩，自分塩
㉑　〃	日比村善五郎	江戸大廻り塩，瀬戸田積出	荷主竹原村半三郎
㉒　〃	邑久郷村弥三右衛門	大坂へ塩積上り戻り	兄弟の船類船
＊天和 3年	乙子村吉兵衛		小豆島へ塩薪買い
㉓　〃	八浜村庄兵衛	田井村塩5斗入53俵	岡山へ積廻り
㉔貞享 2年	土佐岸本浦与一兵衛	安芸瀬戸田塩730俵	荷主大坂才かい屋七兵衛
㉕　〃	讃岐坂出伝蔵	自分塩280俵	坂出出船大坂上り

註）『御留帳御船手』上・下より作成．＊は塩木の輸送．月日は省略した．

いるが、大坂船が備前の塩を運んだり（⑯）、土佐船が大坂商人に雇われて安芸瀬戸田の塩を運んでいる例（㉔）もある。事例⑮は播州の船が讃岐に塩買いに出たものだが、この船も讃岐の塩を大坂に運ぶものかもしれない。

二つは、備前船が江戸へ塩を輸送している例が多いこと（①④⑦⑧⑫⑭⑲⑳㉑）。いずれも一〇端帆以上の大型船で、大量の塩を単独で運んでいる。ほとんどが備前産の塩で、荷主も備前の商人と思われる。事例④の荷主は備中松山の商人、事例⑫は阿波の商人が荷主で、いずれも備前船が江戸へ運んでいる。塩の産地は備前と思われる。事例㉑は荷主が安芸竹原の商人で、備前船で生口《いくち》島の瀬戸田から塩を積み出している。備前船以外は事例⑦で、紀伊国新宮《しんぐう》の船が児島から塩を積み出している。

三つは、下関方面に塩売りに出る備前船があること（⑨⑩⑪⑰⑱）。これらは買積稼ぎの船で、有利な買い手を求めて西へ商内《あきない》に出たものと思われる。例えば事例⑩⑪の胸上村の二艘は六月一九日に塩を積んで連れだって胸上村を出船、初め備後の鞆に売りに行ったが売れなかったので、下関に行く。しかしここでも売れなかったので長崎に行き、川尻屋又次郎を頼ってようやく売り払っている。川尻屋は長崎の船宿だろう。他の三例も下関で塩を売っている。下関が中国・四国の西部や九州地方に塩が流通する結節点であったのだ。

四つには、児島から岡山への輸送（③㉓）や備中国内での移送（⑬）など狭い地域内流通がある。これらは三、四端帆の小型船による少量輸送で、慣れた航路の近距離移動であるため事故例は少ないが、もっと頻繁に行われていたと思われる。

なお、塩木の輸送では、讃岐本土や豊島《てしま》・小豆島から備前に運ぶものや、安芸の倉橋島から播州赤穂へ運んでいる例も見える。

塩の生産・流通が瀬戸内の重要産業となっている様子をうかがうことができるだろう。

海産物

魚など海産物を輸送中の海難事故を表26に整理した。そこからうかがえる海産物の流通についても、いくつか指摘しておきたい。

一つは、瀬戸内の海産物を大坂に輸送する事例の多さである。いちいち例示しないが、三六例中二四例が大坂行きである。堺の船（㉖）も行き先は大坂だろうか。備前と讃岐の間の魚の売買は三例（⑥⑦⑪）ある。相互に魚を売買することは日常的にもっとあったと思われる。

二つは、魚種を記したものでは鯛《たい》が最も多く、それに次ぐのは蛸《たこ》である。生物《なまもの》・塩物《しおもの》とともに大坂に運ばれており、大坂で商品価値の高いモノであったことがわかる。その他魚種があげられている例では、鰒《あわび》・蛤《はまぐり》・あかう（アコウダイ）・ちぬ・鰆《さわら》・鰯・鯖・えそ・アミなどが見える。

三つは、生魚を運ぶ生《い》け簀《す》付きの生船《いけぶね》による輸送が多いこと。しかもすべて大坂上りで

表26　海産物の輸送

年　代	船主名	積　荷	備　考
①延宝 1年	日比村五郎大夫	生鰒	大坂行き
②　〃	胸上村善右衛門	アミ塩辛	大坂行き
③　〃	摂津成尾村九郎兵衛	あいもの（鰯・あら鯖）・干鰯	大坂行き
④　〃	伊予入川村船	生蛸300・塩蛸200	大坂行き
⑤延宝 2年	讃岐伊吹島孫兵衛	生魚舟	大坂より小買物積帰り
⑥　〃	北浦村助市郎	岡山へ魚売り	
⑦延宝 3年	下津井村与三左衛門	丸亀へ魚買い	
⑧延宝 4年	西大寺村八右衛門	干鰯600俵，他に米・大豆	酒田より自分荷物
⑨　〃	播州高砂村松右衛門	伊予より干鰯積上り	
⑩　〃	岡山油町五郎大夫	鯨油60樽・作州大豆40俵	大坂行き
⑪　〃	北浦村善次郎	高松へアミ売り	
⑫　〃	下津井村清九郎	生蛸1200	大坂行き
⑬　〃	安芸江場浦惣右衛門	蛤１斗入500俵	厚村忠左衛門借り
⑭延宝 6年	下津井長浜村又兵衛	生鯛1000・干鯛1000	大坂行き
⑮　〃	小串村五左衛門	干鰯積上り	江戸へ御米積下りの帰り
⑯　〃	伊予新居浜権三郎	干鰯積上り	荷主鞆権蔵
⑰延宝 7年	日生村庄吉・甚五郎	２艘にて猟出	
⑱　〃	難田村猟船	２艘にて猟出	
⑲　〃	胸上村猟船	３艘にて猟出	
⑳　〃	伊予八幡浜山三郎	干鰯	大坂へ積上り
㉑　〃	伊予八幡浜三郎右衛門	干鰯	大坂へ積上り
㉒　〃	豊後臼杵唐人町小兵衛	干鰯	豊後才木より大坂へ積上り
㉓延宝 8年	北浦村惣左衛門・助七郎	２艘にてアミ猟出	
㉔　〃	下津井長浜船	生魚船	
㉕　〃	讃岐粟島村権作	生船，鯛・あかう・ちぬ1300	伊予五郎島にて積上り
㉖　〃	泉州堺紺屋町善三郎	干鰯	周防室津より積上り
㉗　〃	安芸瀬戸田七郎右衛門	生船，生魚1300積上り	
㉘　〃	伊予松山みつみ浜七左衛門	塩鯛1328，塩ゑそ300，生鯛142	大坂上り
㉙　〃	伊予松山内堀江村平右衛門	塩魚品々	土佐天地浦より積上り

㉚天和 1年	下津井又兵衛	活魚積，生鯛	大坂行き
㉛天和 2年	日比村善右衛門	鰆積上り	大坂行き
㉜　〃	北浦村加兵衛	猟出	
㉝貞享 1年	讃岐高松魚棚助左衛門	泉州堺へ魚売り	荷主高松藤十郎
㉞　〃	摂津尼崎別所町三四郎	生船，生鯛1300枚	伊予つば村より大坂上り
㉟　〃	北浦村清次郎・八兵衛	類船９艘と伊予五々島へ猟出	魚積帰り
㊱貞享 2年	下津井長浜村浜野屋借シ船	生魚5500・塩魚9000積上り	伊予河野上村太兵衛に借シ

註）『御留帳御船手』上・下より作成．月日は省略した．

ある（④⑤⑫⑭㉔㉕㉗㉘㉚㉞㊱）。生魚を運ぶのは、備前をはじめ、西は安芸・伊予、南は土佐まで、瀬戸内のかなり広範囲にわたっている。

四つは、瀬戸内の各地から大坂へ干鰯を運ぶ例が多いことである（③⑧⑨⑮⑯⑳㉑㉒㉖）。出船地は、豊後・周防・伊予である。一例だけだが江戸からの帰り荷物に干鰯を運んでいる児島船があり（⑮）、注目される。出羽酒田から大坂へ庄内米とともに干鰯六〇〇俵を運んでいる西大寺村八右衛門船（⑧）のことは、「海難事故と救助」の章で述べている（83ページ）。干鰯は江戸時代になって急速に普及する金肥《きんぴ》（購入肥料）の代表格。すでに畿内農村では商品作物の栽培が盛んになり、干鰯需要が高まっていたことがうかがえる。

五つは、出漁中に事故になった猟船が六例（⑰⑱⑲㉓㉜㉟）ある。ほとんどが備讃瀬戸での猟だが、㉟は北浦村の二端帆船九艘に一八人が乗り組み、伊予へ「魚つり」に出たもの。内一艘が用事で国許に帰ろうとして難破した。乗組員は行方不明。

何の猟かわからないが、伊予松山沖の五々島（興居《ごご》島）まで出掛けているのは気になる。

生船

岡山藩の評定で生船の是非が問題になったことが二度ある。一度目は寛文六年（一六六六）八月の大寄合の場であった。大寄合は、藩政の「改革」のために民政全般について役職者を集めて集中的に審議させたもので、そのなかで生船のことも俎上に乗せられた（「大寄合之覚書」）。猟師たちが取った魚を生かしておいて相場を見ながら「〆売り」（独占価格による専売）をするので高値になり、しかも天気が悪い時にも生船から魚を高値で売るので、常に高値だというのだ。評定では、「魚の価格が下がれば猟師たちが迷惑する」、「生船を留めれば猟師たちは魚を他国に売るようになって高値になる」といった反対意見もあった。審議の末、「以前からあるものであればそのまま続けさせてもよいが、生船は近年になってできたものだから、とりあえずは止めて様子を見るのがよい」という結論になった。

しかし生船はその後も止まらなかったようで、寛文八年七月一〇日の評定で再び問題になっている（『評定書』）。猟をしている児島村々の庄屋から訴えがあった。「いけす船御法《ごはっ》度《と》」と申し付けられているので、「りちぎ」な者どもは高値の塩を買い、手間を掛けて安い値段で売っているのに、「わやく」者は手間を掛けずに生魚をそのまま高値に売っている。「わやく」者は、無理を言ったり、したりする横着者《おうちゃくもの》。堅く申し付けてはいるが、沖からそのまま売りに行くので、何とも止めようがない。先日からは他国の生船が来るのは許されることになり、それに紛れて備前の生船も多数入り込んでいる。とかく「一同」（差別のない）の申し付けが必要だ、というのだ。これに対しては、「あまり厳しく止めては藩主の御膳の魚も少なくなって、かえって差支えも出る」と家老も煮え切らない。結局、「わやく」者は生船を止めるが、「りちぎ」者にはさせるのがよい、という結論になった。事実上の黙認である。生産者と消費者の声に押し切られたということだ。生魚への嗜好や魚需要の拡大が背景にあるに違いない。

以上のような岡山藩での評定の様子によれば、生船が出てきたのは近年のことで、初めは猟師たちが使ったようだ。それが延宝期になり、魚市場の拡大にともなって大坂への生魚輸送に生船が盛んに使われるようになったのだ。

材木・薪・炭

材木も当時瀬戸内を輸送される重要な商品であった。薪・炭を含めて表27に整理した。

材木でも瀬戸内海を通って大坂まで運ばれるものがある。積み出しは土佐（③）・伊予（⑭）である。また、江戸まで送られる材木もある。事例④は播磨山崎藩池田豊前守の材木を播磨室津から江戸まで運んでいる。江戸屋敷の建築用材だろうか。事例⑯は出羽能代から保太木《ほたぎ》を運んでいた備前船が能登沖で難破したもの。荷主は江戸の三木屋十郎兵衛と

表27　材木・薪・炭の輸送

年　代	船主名	積　荷	備　考
①寛文12年	牛窓村権助	船材木	日向油より，牛窓杣衆乗合
②延宝 1年	播州松原村弥次大夫	椎木小丸太200本，炭5俵，他	小串村にて衝突
③　〃	牛窓村平六	材木	土佐より大坂へ積上り
④　〃	小串村又大夫	池田豊前守仕組材木43本，他	播州室積込，江戸廻り
⑤　〃	牛窓村久左衛門		日向県へ材木積に下り
⑥　〃	周防富田村久兵衛	朴174本，炭437俵半	大坂上り？
⑦　〃	郡村六兵衛	椎木丸太793本，柏木ノ皮8000斤	肥前天草より積上り
⑧　〃	番田村喜右衛門	松葉	直島より讃岐丸亀へ
⑨延宝 2年	片上村喜右衛門	鍛冶炭300俵	荷主片上籠屋太郎左衛門
⑩　〃	郡村喜右衛門		天草から長崎へ材木積参る
⑪　〃	安芸廿日市村伝左衛門	日室炭1030俵，長雑木炭110俵	上方へ積上り
⑫延宝 3年	播州うをふ崎村三郎大夫	松割木1万5600本	積上り
⑬　〃	予州大島浦市郎左衛門	松こり木・松葉	上方へ積上り
⑭　〃	伊予長田村喜兵衛	材木	伊予藤原浜より大坂へ上り
⑮　〃	邑久郡新村五郎兵衛		牛窓へ薪買いに行く
⑯　〃	小串村市左衛門	保太木1195丁（荷主江戸三木屋他）	能代より積上り
⑰　〃	安芸廿日市村小左衛門	炭大俵・鍛冶屋炭	大坂へ上り
⑱延宝 4年	赤穂中村長左衛門	松葉2万4500	下より積上り
⑲　〃	安芸宮島五左衛門	炭	大坂へ上り
⑳　〃	小豆島瀧宮村三四郎	柴	児島番田村沖にて難船
㉑　〃	安芸くれ村作助	薪5706把	下より積上り
㉒　〃	備後鞆浦孫兵衛	杉すほん100丁，他	大坂商人7人・姫路商人3人
㉓　〃	片上村源大夫	自分鍛冶炭435俵	大坂行き？
㉔延宝 5年	播州阿鹿村茂左衛門	松割木1230把	庭瀬に阿鹿村三右衛門買置
㉕　〃	下津井魚生船	池田主水薪	備中五軒屋にて積出
㉖　〃	安芸廿日市村庄次郎	炭986俵，鍛冶屋炭151俵	大坂上り

㉗延宝 6年	赤穂大村徳右衛門	割木	広島より積上り
㉘　〃	牛窓村理兵衛	薪	2艘，土佐請山より大坂上り
㉙延宝 7年	鹿忍村十三郎	薪	虫明村より積
㉚　〃	邑久郷村徳兵衛	薪	鹿忍村より積
㉛　〃	金川村八左衛門高瀬船	猟場のかせ木	高瀬船，積売り
㉜　〃	益原村弥左衛門高瀬船	割木	高瀬船，岡山へ積売り
㉝　〃	小串村船計7艘	芝	新田へ運ぶ
㉞　〃	岡山上荷船	材木	石関町より播州坂越へ送り
㉟　〃	讃岐和田ノ浜市兵衛	薪	兵庫へ積上り
㊱　〃	安芸清兵衛	小から竹・なよ竹	
㊲　〃	安芸新蔵	薪	大坂へ積上り
㊳　〃	広島播磨町太左衛門	薪6862束	大坂上り
㊴　〃	讃岐粟島村清左衛門	水棹	大坂へ積上り
㊵　〃	讃岐粟島村甚三郎	薪	大坂へ積上り
㊶　〃	讃岐粟島村清二郎	薪	大坂へ積上り
㊷　〃	日生村半助	薪1150貫目積	五島へ商内の帰り
㊸　〃	土佐下かや村七九郎	割木	積上り
㊹　〃	播州曽根村惣左衛門	大束薪	宮島より積上り
㊺　〃	牛窓村善右衛門	船板	肥後八代より積戻り
㊻延宝 8年	播州目麻村十右衛門	薪3尺5寸廻り5000把	周防長門の内むかうか島
㊼　〃	小串村五郎右衛門	松葉1200把，つふ切薪350束	備後内田島より積上り
㊽　〃	備後鞆善兵衛	2間木角32本，1間平物28本	荷主周防宮市村庄左衛門
㊾　〃	讃岐姫之浜権太郎	松割木	姫之浜より播州赤穂へ積上り
㊿　〃	伊予北条町孫兵衛	松割木1300束	積上り
(51)　〃	牛窓村小八郎	保佐木	土佐久百々村にて積上り
(52)　〃	牛窓村惣大夫	仁夫木・保佐木	土佐久百々村にて積上り
(53)　〃	小豆島みめ村平四郎	柴	
(54)天和 1年	小豆島見め村善右衛門	柴677把	備前へ積売り
(55)　〃	片上村五郎大夫	越前新保森儀兵衛材木	牛窓より大坂上り
(56)天和 2年	牛窓村長八郎	薪	日向県より国許へ積上り
(57)　〃	小豆島古江村伝左衛門	薪480束	広島より赤穂へ行く
(58)　〃	安芸廿日市庄次郎	炭901俵，木地51丸	積上り

㊾天和 2年	広島三津村長兵衛	こり木	積上り
⑥⓪ 〃	児島北方村弥兵衛		豊島甲村へ柴買いに行く
⑥① 〃	安芸広村八兵衛	松割木12000割	播州へ売りに行く
⑥② 〃	片上村弥一郎	鍛冶炭400俵	片上出船，大坂行き？
⑥③天和 3年	播州高砂浦吉三郎	松葉3300把	安芸桂島にて積上り
⑥④ 〃	伊予天満村加左衛門	白炭2600俵，にふ木50斤	宇和島より積上り
⑥⑤ 〃	讃岐高松味村久兵衛	松葉10500把	伊予沖鞆村より積上り
⑥⑥ 〃	牛窓村木下七右衛門	船板118枚，角木150本，小屋板60枚	肥後宇柳川より積上り
⑥⑦ 〃	神戸二ツ茶屋村角右衛門	仁夫木1067斤３分，松割薪282斤	宇和島深浦より積上り
⑥⑧ 〃	周防肥十浦伝之介	焼炭501俵	周防掛ヶ淵浦にて買い積上り
⑥⑨ 〃	尻海村与次兵衛	丸太10本	高松より福谷村大工藤介帰り
⑦⓪貞享 1年	安芸地御前浦弥右衛門	炭1000俵，割木6240束	大坂へ上り
⑦① 〃	伊予有田村七兵衛	炭74俵，小麦49俵	大坂へ上り
⑦② 〃	久々井村又兵衛	柴	福谷村で買積，鹿忍村廻し
⑦③貞享 2年	安芸川尻村八右衛門	薪	
⑦④貞享 3年	小豆島池田かまの村次右衛門	割木	高松へ売りに行く

註）『御留帳御船手』上・下より作成．月日は省略した．

角倉屋七兵衛なので、送り先は江戸だったのではないだろうか。この件は、分散の事例として先に紹介している（171ページ）。大坂・江戸へ材木を運ぶ船はいずれも大型船である。「評定書」に次のような記事がある。天和元年（一六八一）の冬に肥前人吉《ひとよし》藩相良《さがら》遠江守が江戸橋の材木の調達を幕府から命じられ、その山出しから江戸までの輸送を牛窓村・尻海村の海商九人が請け負った。九人は翌天和二年六月二三日までに材木一一二〇本を一二艘の船で無事運び終えている。八月には九人に遠江守の城中で料理・茶が下され、約束通り金三〇〇〇両を受け取った。仮に一両一〇万円で換算すると、現在の価格で三億円になる。

牛窓商人が日向や土佐で請山《うけやま》をし、その材木や薪を輸送する例は表27でもいくつか見られる（①③⑤㉘51 52 56）。肥後からの二例（45 66）も同じようなものと考えてよいかもしれない。こうした請山についてはのちに述べる。

表に見える「割木《わりぎ》」「こり木（樵木）」は薪である。「保太木」（「保佐木《ほさぎ》」）は丸太を指す場合と薪を指す場合があっていずれか決めがたいが、「仁夫木《にぶぎ》」は薪か。「松葉」も焚き付け用と思われ、一緒に考えてよいだろう。塩木かもしれない。薪も大坂・兵庫まで運ばれる例がかなりある。積み出しは安芸（㊲㊳70）・讃岐（㉟40 41）・伊予（⑬64 67）が確認できるが、これらの国を含めて、行き先を大坂とは確定できないものの、瀬戸内の各国から積み上りの薪は少なくない。船は一〇端帆に満たないものである。

薪の送り先で目に付くのは赤穂などの製塩地帯である。「塩木」と明記されてるものについては先に述べたが、表27でも赤穂行き（⑱㉗㊾㊿57）のものは製塩用だろう。阿鹿（英賀㉔）・高砂（63）や「播州」宛のもの（㊹㊻61）もそうした用途かもしれない。

もう一つのパターンは備讃瀬戸内での輸送である（⑧⑳㉕㉙㉚㉜㉝㊼54 60 72 74）。これらは小型船による日常的な輸送と言えるが、このなかには製塩用も含まれるに違いない。

意外に多いのが炭の大坂への輸送である。積み出しは周防（⑥68）・安芸（⑪⑰⑲58 70）・備前（㉓62）・伊予（64 71）で、のちに掲げる表29（232・233ページ）にも伊予今治から広島藩松平岩松御用炭を積み合いしている例がある（⑲）。中には「鍛冶炭」と明記したものもある。良質の特製品である。

岡山藩樋方の木材需要

延宝・天和期には三都だけでなく地方でも木材需要が高まっていた。都市の発展と度重《たびかさ》なる災害からの復興のため、建築用材への需要が高まっていたのだ。

延宝二年（一六七四）正月一〇日の岡山藩の評定で材木が入らなくなっていることが問題になった（『評定書』）。岡山では材木値段を低めに設定しているためだという。そこでその値段が適当かどうかを判断するために、大坂で材木を少し買い調えてみようということなった。二月になると紀州富田《とんだ》（現白浜町）から材木を積んだ船三艘が来る。大坂値段の一割下げで売るという。藩の樋方《ひかた》では橋や用水の樋門の修繕のために一艘分を銀三貫目で買い取っている。樋方は藩の普請・作事に関わる役所。五月になると紀伊国日高郡の材木が一〇艘の船に積まれて来る。やはり大坂値段の一割引きだという。藩では一〇艘分を銀一〇貫目余で買い取った。

翌延宝三年四月にも阿波と紀州からの材木を積んだ船がやって来た。藩では財政が逼迫しているが、樋方で使用する材木として年に銀一四、五貫目分ほどは必要だという。代銀は年末払いという条件で七、八貫目分の材木を購入することにしている。

延宝四年は正月に樋方御用の材木銀五貫目分を大坂で買い調えた。二月になると阿波と紀州の材木が来る。材一本につき昨年よりは銀二、三厘は高くなっているが、それでも大坂より六厘から四厘ほどは安いということで銀三貫目ほどを買っている。しかし、翌延宝五年になると樋方の修繕も一段落したのだろうか、材木の入用がなくなり、紀州からの材木の取次にあたっていた紀州材木屋の岡山出店が引き払われている（同前）。

牛窓商人の請山

牛窓は江戸時代から木材流通の拠点であった。その背景には牛窓で造船が盛んであったことがあげられる。表27の①66にも見られるように牛窓船によって船板が扱われている。寛文年間には牛窓に六〇〇人もの杣人がいたと言われ、なかには九州や四国に出稼ぎをして現地に住み着く者も出ている〔牛窓町史二〇〇二〕。牛窓をかかえる邑久郡には「邑久大工」と呼ばれる職人集団も活躍していた。こうしたことを背景に、牛窓の海商（船持商人）が九州や四国で請山をするようになる。請山は、一山丸ごとの伐採権を買い取ること。それなりの資金力と輸送・販売能力がないと行えない事業だ。延宝六年に牛窓商人九人が土佐での請山をめぐる紛争に巻き込まれる事件が起きているので紹介しておこう（『評定書』）。

牛窓商人九人は、三人ずつ寄り合ってそれぞれに土佐国西部で請山を行っていた。ところが延宝五年に高知藩の支藩である土佐中村藩の山内右近大夫《うこんだゆう》豊定が亡くなり、弟で養子となった大膳《だいぜん》豊明が家督を相続した（『新訂寛政重修諸家譜』第十三）。これにともなって支藩執行部の交替があり、それにより前藩主に仕えてきたグループが失脚する。その際、前執行部が牛窓商人と行った請山契約が問題とされたのだ。家督相続後の延宝六年正月に突然請山の木材・薪などの積み出しが差し留められ、新藩主が帰国した六月末から取り調べが始まる。その結果、八月二二日の評定で、牛窓商人たちが「役人と馴れ合い、諸事気ままに行った」罪は明白とされ、前執行部は「閉門籠舎《いもんろうしゃ》」に申し付けられた。商人たちは、「御国者《おくにもの》」（土佐国の住民）であれば同罪とすべきだが、「旅人」（他国人）なので、木材などは召し上げのうえ国外退去を命じられている。政争に巻き込まれて、思わぬとばっちりを受けた感じだ。あまりに一方的な処分に不満の商人たちは、たびたび藩の評定所に訴えたところ、藩主の「不便《ふびん》」との思召《おぼしめし》によって、木材などの一部を返還されることになった。それでも商人たちは不服であったが、「忝《かたじけな》く存ずる」と御礼しなければ土佐国の外にも出られないため、やむなく受け容れざるをえなかった。

三つのグループごとに状況を少し詳しく紹介しよう。

第一のグループは五郎大夫・七右衛門・清左衛門。彼らは、寛文九年から延宝六年までの一〇年間に奥屋内山《おくやない》（現四万十市）で諸木残らず銀四五貫目で請け合っていた。当年も杣人三〇〇人を入れて、樅栂《もみつが》船板三〇〇〇枚・檜《ひのき》角一七〇〇枚・檜帆柱三〇本・楫《かじ》一三〇羽・樅栂角三〇〇〇本、合わせて銀一九〇貫目分七八六〇本を伐り出していた。商人たちは「御代替わりの印《しるし》」（家督相続の祝儀）として一〇分一を差し上げると申し出たが、伐り出した材木の半分召し上げとなった。

第二は助三郎・安左衛門・三平のグループ。彼らは、出井《いでい》村（現宿毛市）・楠山《くすやま》村（同前）の山林を延宝三年に請け負い、材木売高一〇〇貫目の内三〇貫目を雑用銀高として引き、残り七〇貫目を四分六にして、四二貫目上納、二八貫目商人取分とする契約をした。翌延宝四年三月には上納分を済ませ、樅栂檜楠の小材木の運上銀五分一も支払い、さらに代替わりにあたっては「江戸賄御用銀」一二貫目も用立てた。当年は楠木船板一五五〇枚・樅栂船板一一〇枚・檜丸物二二一九本・檜帆柱七七本・樅栂角木三七七本・櫓木三七〇丁、合わせて銀二〇〇貫目余分四六四〇本を伐り出した。評定の場では四分一を召上《めしあげ》として差し上げ、残りを引き渡してくれるように願ったが、裁定は四分を造作料《ぞうさ》（骨折り料）として遣わすというものであった。

第三のグループは惣大夫・孫左衛門・吉大夫。延宝五年に久百村《くもも》（現土佐清水市）・欠掛村（鍵懸村《かいがけ》、同前）で薪引流し山を請け負い、一〇〇〇石船五〇〇艘分ほども仕上げていた。しかし積み出しを差し留められている内に洪水で半分が流れ出し、山や谷川の各所に散らばってしまった。積み出しの船場に集まった薪は五万石余、代銀一二〇貫目余であったが、その内六分が召上となり、四分が造作料として下された。なお、表27に見える牛窓村小八郎船（51）・惣大夫船（52）は、この薪を運んだものだろう。

許された九人の商人は大坂に上り、那須屋善五郎と善後策を相談した。善五郎は牛窓商人の材木の売り捌き元であった。善五郎は牛窓の海商那須屋助三郎の出店で、大坂の銀主との交渉も行っていた。善五郎は高知藩大坂蔵屋敷の御用も承っているので、改めて訴訟したいと岡山藩大坂留守居俣野助市に願い出た。俣野はそのことを岡山の家老に問い合わせたが、「こちらから何か指図することではない、彼の地に参って幾重《いくえ》にも詫《わ》び言《ごと》を申すしかなかろう」という意見であった。結局、泣き寝入りするしかなかっただろう。それに

表28　石材の輸送

年　代	船　名	積　荷	備　考
①延宝 2年	小串村与三右衛門	井筒石・溝石	大坂上り？
②延宝 5年	小串村喜右衛門	井筒石・水戸石	豊島にて買い広島に売りに下る
③延宝 6年	厚村三大夫	郡御普請御用石	牛窓前島にて積戻り
④　〃	小串村八兵衛	水戸石など131箇	豊島にて買積，阿波に売りに行く
⑤天和 1年	摂津みかけ浦弥右衛門	石	下より積上り
⑥天和 2年	御用石船		牛窓より犬島へ石積に参る
⑦　〃	摂津みかけ村久右衛門	石	塩飽より積上り
⑧天和 3年	摂津みかけ村新右衛門	石	塩飽より積上り

註）『御留帳御船手』上・下より作成．月日は省略した．

しても、牛窓の海商たちが、大量の木材・薪などの仕入や輸送、売買に関わっていたことは、大いに注目されるところだ。

石材の輸送

瀬戸内の島嶼《とうしょ》部や海岸近くの山での石材切り出しは、古くから盛んであった。徳川幕府による大坂城の再建にあたって、御手伝いの諸大名が瀬戸内の島々から大量の石を切り出して運んだことは有名だ〔牛窓町史二〇〇二〕。江戸時代前期には、城郭や都市だけでなく、用水や堤の用材としても石材の用途は広がっていた。「井筒石」「溝石」「水戸石」など、井戸の枠、用水溝、水門の戸など決まった用途のために加工済みの石もある。石材を輸送する船は「石船」と呼ばれる。その海難事故例を表28にまとめた。

全体に事例は多くないが、児島船が島嶼部から積み出して大坂・阿波・広島に売りに出ていることがわかる。また、摂津御影村《みかげ》（現神戸市）のものが三例（⑤⑦⑧）あり、注目される。よく知られているように御影村は御影石と呼ばれる花崗岩の産地で、御影石を運ぶ石船は「御影船」と呼ばれていた。石材の加工地としても有名で、御影船が塩飽などから石材を集めていることが知られる。

ところで当時の岡山藩では河内屋治兵衛を棟梁とする石工集団が活躍していた〔柴田一九九〇〕。治兵衛は元は大坂の石工で、寛文七年頃に池田家の和意谷《わいだに》墓所の造営のために呼ばれていた（『評定書』）。その後は用水樋や新田の潮留堤《しおどめつつみ》・湊の波戸などの建設を任され、ト方から石切職人を雇って御用を勤めている。事例③⑥などの御用石は彼らの手によって使われたに違いない。現在も備前国内の各地に治兵衛らの手になる石造物が残されていて、彼らの技量を知ることができる。のちの元禄一四年（一七〇一）に建造された閑谷《しずたに》学校の石塀《せきへい》なども彼らによる作品と考えられるが、この石塀は国の重要文化財に指定されている。

行き交うさまざまなモノ

その他にも農産物や特産品、手工業製品などさまざまなモノが船で運ばれていた。その様子も見ておきたい。ところで、海上輸送される主要な積荷である米・塩・材木などの場合は、単品として大量に送られることも多いが、以下取り上げるようなモノの場合は、いくつかの商品が積み合わされて送られることが多い。そうしたことから、荷主も幾人かに分かれるので、海難事故が起きたときには分散仕法がとられることになる。そのため、以下に述べる事例には、先に分散仕法のところで取り上げたものも少なくない。そこでの記述も思い出していただければ幸いである。

農産物と加工品

表29は主に米以外の農産物とその加工品を取り上げたものである。

まず目を引くのが灯火油の原料となる種（種子・菜種）。一二例が確

表29　農産物と加工品の輸送

年　代	船主名	積　荷	備　考
①寛文12年	小串村庄左衛門	酒樽２丁	塩飽辺に売りに行く
②延宝 1年	久山町善六	油明け樽	下関行き
③　〃	厚村与十郎	苫300枚	周防より積上り
④　〃	久山町十郎兵衛	種165俵，他に新米・小麦・大豆	岡山より紀州へ商内
⑤　〃	片原町多左衛門	胡麻３俵・茶９俵，他に木材	下関より積戻り
⑥延宝 2年	郡村又兵衛	かや莚30束・七島莚60束	豊後古市村より積上り
⑦　〃	北浦村四郎右衛門	畳表積売り，戻り荷とぼし松	伊予にて商内，荷主妹尾村２人
⑧　〃	内田町十兵衛	苫650枚，紙９丸	周防小松浦にて買い積上り
⑨延宝 4年	紺屋町弥一郎	いがら80丸，長いも20丸，他	荷主妹尾村吉左衛門，大坂下り
⑩　〃	北方村弥右衛門	たね38俵	小高瀬船，岡山京橋にて破損
⑪　〃	二日市町長九郎	油４樽，綿実８俵，胡麻２俵，他	岡山より大坂行き積合
⑫　〃	八浜村善吉	畳表46丸	荷主妹尾村・早島村，大坂行き
⑬延宝 5年	紺屋町七兵衛	たばこ70丸，綿実60丸	荷主岡山４人，大坂行き
⑭　〃	西大寺村仁右衛門	種子・もち桶積合	荷主和田村三郎兵衛他，大坂行き
⑮　〃	大坂下ばくろ武兵衛	醤油樽３丁・大根取り上げ	大坂より積下り，水島沖破損
⑯延宝 6年	岡山七左衛門	種子57俵，鉄45丸，米20俵	大坂行き？
⑰　〃	片上村徳兵衛	酒樽47丁	荷主香登村庄左衛門，玉島行き
⑱　〃	藤野町久左衛門	種子99俵，鯨油11丁	大坂荷問屋河内屋甚右衛門
⑲　〃	伊予今治新右衛門	木綿実82俵，松平岩松御炭1200俵	今治より大坂行き
⑳延宝 7年	片上村多左衛門	岡山座本綿実60俵	大坂行き
㉑　〃	油町重次郎	大豆・小豆・大麦合222俵	紀州へ商内に行く
㉒　〃	梶岡村長兵衛	家かや	児島箱崎にて破損
㉓　〃	北浦村市兵衛	畳表255束・中次畳41枚・上敷49枚	荷主妹尾村長兵衛
㉔　〃	播州網干新崎村久大夫	苧35束	豊島へ下り
㉕　〃	周防八代島次郎左衛門	草苫98枚	大坂へ積上り

㉖延宝 7年	備中笠岡村惣左衛門	畳表564枚・上敷80枚，他に綿実等	大坂へ積上り
㉗　〃	周防岩国九兵衛	菜種28石９斗，紙，衣地	荷主さめ屋市兵衛，大坂上り
㉘　〃	中島町長右衛門	菜種99俵，鉄50束，銭３丸	大坂行き
㉙延宝 8年	片上村平左衛門	綿実22俵，古鉄10丸	片上より大坂へ積上り
㉚　〃	備後福山孫三郎	たばこ60丸，言伝銀１貫600目余	福山より岡山へ上り
㉛　〃	備中倉敷与右衛門	木綿45俵	倉敷より岡山へ廻し
㉜　〃	岡山五大夫	種22石３斗５升，他に小豆・ゑごま・茶	大坂へ積上り
㉝　〃	伊予宇和島塩屋四兵衛	大豆・紙・蕨綱・古鍋鉄・綿実	大坂へ積上り
㉞　〃	出雲雲津浦五郎右衛門	胡麻・せんとく・鍋金・木ノ実・大豆	国許より大坂へ積上り
㉟　〃	下津井長浜村弥兵衛	蜜柑	和歌山にて買い戻り
㊱　〃	備中柏島喜助	茶95俵，塩魚つと２ツ	松山商人荷物，岡山から玉島へ
㊲天和 1年	二日市町長九郎	種50俵，綿実45俵，小麦８俵	大坂へ積上り
㊳　〃	二日市町新次郎	大豆・小麦・銅・古鍋金・明樽	岡山商人荷物，大坂へ積上り
㊴　〃	中島町惣左衛門	菜種150俵，くろがね30束，白金灰６俵	大坂へ積上り
㊵天和 2年	讃岐丸亀藤七	八百屋物色々	岡山より積戻り
㊶　〃	厚村清左衛門	酒樽20丁，すぐり624束，鰹節10束	紀州熊野より積戻り
㊷　〃	上内田町与兵衛	大豆・小豆・葉たばこ・紙・新鍬	岡山より大坂へ積上り
㊸　〃	豊後中津権七	大豆・木綿実	大坂へ積上り
㊹　〃	八浜村彦七		大坂へたばこ売り戻り
㊺天和 3年	内田町清右衛門	油樽30丁	大坂より積下り
㊻　〃	油町助左衛門	たばこ70丸，鉄20束，鍬９丸	岡山商人荷物大坂へ積上り
㊼　〃	備中笠岡村吉郎右衛門	たばこ・畳表・綿実・鍋金・天豆	玉島積合荷物，大坂行き
㊽貞享 2年	八浜村六兵衛	たばこ15丸	牛窓・日生で売り，３人寄合
㊾　〃	中島町左次右衛門	綿実・種・油粕・鉄・古鉄・生節	岡山商人荷物大坂へ積上り
㊿　〃	北浦村利兵衛	豊後鶴崎にて苧少し買い	鶴崎にて酒売り払い
51貞享 3年	肥後川尻上網屋与一郎	種子430俵	熊本商人荷物大坂積上り

註）『御留帳御船手』上・下より作成．月日は省略した．

認できる。そのうち大坂へ送られたものが備前から八例（⑭⑯⑱㉘㉜㊲㊴㊾）、周防（㉗）・肥後（51）から各一例である。備前から紀川へ売りに出たものも一例（④）ある。残り一例（⑩）は岡山への集荷中の事故と思われる。

同じく灯火油の原料となる綿実《わたざね》は一一例。すべて大坂行きで、備前（⑪⑬⑳㉙㊲㊾）以外では伊予今治（⑲）・宇和島（㉝）、豊後中津（㊸）、備中笠岡（㉖）・玉島（㊼）から送られている。瀬戸内の各地で綿実の生産が行われ、大坂に集められていたことがうかがえる。なお、事例㉛の倉敷から岡山に送られていた「木綿」も綿実だろうか。

製品としての油は大坂から樽三〇丁が下された例（㊺）があるが、他方では岡山から大坂へ四樽を送っている例（⑪）もある。岡山から下関に油の明け樽を送っている（②）のは、下関から送られた油の戻りだろうか。下関や岡山など地方でも油絞りが始まっていたのだろう。鯨油（⑱）も灯火用である。

延宝五年（一六七七）六月、岡山藩では「木綿実の座」と「白粉《おしろい》の座」を設けて座本から運上銀を上げさせることにした（『評定書』）。座は同業の商人や職人の仲間のことで、座本はその元締め。このことは「瀬戸内海の交通環境」の章でも触れたが（47ページ）、事例⑳の「岡山御座本綿実六〇俵」は、この座本が扱う綿実である。しかしこの制度は他の商人からの批判が強く、貞享元年（一六八四）三月に自由売買に戻されている（『市政提要』）。

児島湾の干潟地帯で採れる藺草《いぐさ》や葭《よし》・茅《かや》などから作る畳表・上敷《うわじき》・莚などは、早島・帯江・妹尾をはじめとした備中農村の特産品で、この頃からすでに上方方面へ盛んに移出されている（⑫㉓㉖㊼）。事例⑦は、妹尾の商人二人が児島の船を借りて畳表を伊予で売り、帰り荷に「ともし松」（松明《たいまつ》）を積み帰ったもの。他方、編笠などの材料になる「いがら（藺殻）」が大坂から妹尾へ送られている（⑨）。周防（③⑧㉕）や豊後（⑥）から運ばれている苫や莚の行き先は、確かなことは言えないが、多分大坂だろう。

たばこは、備前（⑬㊷㊹㊻）や備中（㊼）から大坂へ運ばれたり、備後福山から岡山へ運ばれる例（㉚）や岡山商人三人が寄り合って領内の牛窓・日生へ売りに行く例（㊽）など、ヴァリエーションがある。

児嶋は室町時代から酒の産地として知られ、表29では讃岐の塩飽（①）や豊後鶴崎（㊿）に売っている例もあるが、紀州熊野から岡山に運ばれる酒もあり（㊶）、備前香登（現備前市）から備中玉島に運ばれるものもあった（⑰）。むしろこの時期には摂津などから西国への下り酒が見えないことに注意すべきだろう。瀬戸内地域内での相互流通のほうが目立つ。大坂から積み下りの醬油は一例ある（⑮）。

事例㊶では酒の他に「すぐり」と「鰹節」が熊野から運ばれているが、事例㉟では「蜜《み》柑《かん》」が紀州から岡山に運ばれており、他にも岡山と紀州との商売を示す例がある（④㉑）。農産品などの日用品の場合は、地域内の相互流通が盛んであったことが興味深い。そうしたものとしては八百屋物（野菜類）の商売がある。事例㊵は讃岐丸亀船が岡山から八百屋物を積み帰ったものだが、その内訳は、栗六俵・こんにゃく玉九俵・午房《ごぼう》六束・大根一〇束・ねぶか六束・白藻一丸・玉子一籠・つくね芋一籠・小麦糠《ぬか》一俵・生茸《きのこ》一曲物《まげもの》。実に多彩だ。他方、大坂から岡山などへ長いも（⑨）や大根（⑮）が積み下されている例もある。寛文一〇年（一六七〇）に大坂の八百屋市兵衛が岡山に運んだ野菜については、先に表17－1として示した（165ページ）。

鉄と紙

備中国は江戸時代の初めから鉄と紙の産地であった。慶長・元和期には備中国奉行の小堀政一が備中の鉄や紙を大坂方面に運んでいたことが知られている（岡山県史一九九一）。表30でも備中から大坂に鉄と紙が送られていることがわかる（⑥⑦）。「長割鉄《ながわりてつ》」は長く板状に鍛錬した鉄、「銑《ずく》」は純度の低い鉄である。「杉原《すいばら》紙」は、もとは武家の公用紙として使われた播磨特産の紙だが、江戸時代には各地で漉《す》かれるようになっていた。岡山船が運んだ鉄と紙も備中産だろう（④）。先に掲げた表29でも備前船が積み合い荷物として鉄や紙を載せている例が多くあった（⑯㉘㉙㊳㊴㊷㊻㊾）。他にも備中（㊼）・周防（⑧）・伊予（㉝）・出雲（㉞）から運ばれる例がある。「鍋鉄《なべてつ》（鍋金《なべかね》）」は

表30　銀・銅・鉄・紙の輸送

年　代	船　名	積　荷	備　考
①延宝 1年	50丁櫓御船２艘	御銀1200貫目	長崎より末次平蔵，小早１艘
②　〃	細川肥後殿御船３艘	御上銀	天草より積上り
③延宝 4年	周防三田尻喜左衛門	松平大膳大夫殿紙	児島日比前にて破損
④　〃	児島町市左衛門	銑40丸，紙13丸，古着物２丸	大坂積上り
⑤延宝 7年	備中玉島清右衛門	銅165束	荷主成羽村助兵衛，大坂行き
⑥　〃	備中玉島七郎右衛門	鉄長割207束・銑30束，杉原30束	玉島より大坂上り
⑦　〃	備中赤崎作左衛門	鉄長割90束・古鉄４丸，杉原19丸	大坂行き
⑧天和 2年	長門今津村六左衛門	松平長門守御用紙	大坂上り

註）『御留帳御船手』上・下より作成．月日は省略した．

鍋・釜などを鋳るのに使う銑鉄《せんてつ》・屑鉄《くずてつ》の類のこと。

事例⑤の銅は、備中吹屋《ふきや》（現高梁市）の吉岡銅山のものだろう。吉岡銅山は平安時代から断続的に採掘が行われており、このあと延宝八年から元禄一一年（一六九八）までは泉屋（住友家）が経営している〔住友史料館二〇一三〕。

事例①の銀は長崎貿易で輸入されたもの。末次《すえつぐ》平蔵《へいぞう》は幕府長崎代官の末次茂朝。長崎貿易で富を蓄えたが、延宝三年に密貿易に関わった罪で隠岐に流刑となっている。事例②も長崎で輸入された銀を熊本藩が命じられて運んだものだろう。

事例③は萩藩松平大膳大夫の、事例⑧は同じく萩藩松平長門守の御用紙《ごようがみ》（藩主が使用する上質の紙）をそれぞれ大坂まで運んでいる。

表31　その他の産物・加工品の輸送

年　代	船主名	積　荷	備　考
①延宝 1年	播州松原村弥次大夫	鍬の平4470枚，他	上より積下り
②　〃	中島町惣右衛門	牛皮400枚，牛ろう10樽，牛骨3俵	荷主大坂かわた村源兵衛
③延宝 3年	小串村九右衛門	木地椀250丸	荷主中須賀町惣左衛門
④　〃	中島町市右衛門	鰹節200，ふいご2，ほくり（木履）2	他に銀3貫376匁余，大坂行き
⑤延宝 4年	片上村甚左衛門	土器56駄，焼物16駄	荷主伊部村忠右衛門，淡路売り
⑥　〃	片上村理兵衛	伊部村焼物	荷主忠右衛門他，大坂売り
⑦延宝 6年	邑久郷村仁左衛門		讃岐へ牛買いに行く
⑧延宝 7年	天城村忠三郎	瓦・農道具	岡山より積戻り
⑨　〃	金岡村太郎左衛門	作州商人木地	紀州黒江浦へ積渡す
⑩　〃	紀伊枡浦七左衛門	鰹節・塩魚・桃皮・黒砂糖・桶木	薩摩屋久島より積上り
⑪　〃	岡山清三郎	大坂より下り乗衆16人	山吹町鈴鹿屋岡山へ古手買い
⑫　〃	邑久郷村作助	かわた中間荷物	大坂へ積上り戻り
⑬天和 3年	片上村宗左衛門	櫓ノ腕・かしあけノ皮	日向県で伊部焼物・木綿・酢売り
⑭貞享 3年	沖町又兵衛	商人荷物色々	紀州和歌山へ参る
⑮　〃	浦伊部村喜左衛門	伊部焼物	紀州へ売りに参る
⑯　〃	備中妹尾村三郎右衛門	備中商人衆岡山万買物	岡山より積戻り

註）『御留帳御船手』上・下より作成．月日は省略した．

その他の産物・加工品

これまでに取り上げた以外の産物・加工品を表31にまとめた。そのなかでまず注目したいのは伊部焼《いんべやき》である。伊部焼は、今では備前焼と呼ばれるが、平安時代から備前国和気郡伊部村（現備前市）で生産されていた陶器で、片上《かたかみ》や浦伊部がその積み出し港であった。表31では四例あるが、行き先は大坂（⑥）だけでなく、淡路（⑤）・日向（⑬）・紀州（⑮）にも売られている。このうち事例⑮では焼物の種類が知られて興味深い。表32にあげてみた。「かぶせ」や「がうし」（合子）は蓋《ふた》付きの容器。「こがし」は大麦を焦がして粉にしたもの。「手入」は不明。鉢・壺・皿など用途に応じた生活雑器が中心であったことがわかる〔伊藤二〇〇八〕。

美作で作られたと思われる木地物《きじもの》（木工製品）も見える（㊴）。そのうち事例⑨は、作州商人市右衛門・市兵衛の木地を紀州黒江浦（現海南市）に運んで運賃銀一四〇匁を受け取り、合わせて作州木地商人太田村（現津山市）長左衛門への代銀四三六匁を言伝《ことづ》かって

表32　喜左衛門船積荷伊部焼内訳

種類	数量
摺鉢大小	693
きず摺鉢	120
かぶせ大小	240
蛸壺	24
油指	138
小徳利	226
売場壺	4
手入	8
花入	18
がうし大小	20
同きず	14
紅鉢	16
金壺	28
油皿大小	720
下皿大小	580
こがし入	525

註）『御留帳御船手』下より作成.

いる。作州木地が紀州に少なからず運ばれていることをうかがわせる。

事例②のように備前から牛皮・牛蠟《ぎゅうろう》・牛骨が大坂かわた村に送られている。事例⑫の「かわた中間荷物」も同地に送られたものであろう。大坂かわた村では瀬戸内から牛皮などが集荷されて皮革製品が独占的に生産されていた〔部落問題研究所一九八二〕。

事例①の「鍬《くわ》の平《ひら》」は鍬の柄に付ける鉄の部分で、「鍬先《くわさき》」とも言う。これが播磨から瀬戸内地方に四四七〇枚も運ばれている。瀬戸内地方での農業生産の拡大を示すものに違いない。ただしこの流れは一方向ではない。先の表29の事例㊷では、「新鍬」四〇枚入一〇丸が岡山から大坂に送られており、事例⑯では鍬九丸がやはり岡山から大坂に送られていた。この時期には瀬戸内地方の各地で鍬の生産が行われるようになって、生産地と消費地とでモノの移動が交錯するようになっていたのだろう。

紀州海士《あま》（海部）郡枡《ます》浦の船が薩摩屋久島《やくしま》からモノを運んでいた事例⑩は、興味深い。海難事故に遭ったのは牛窓向島（前島）沖だから、屋久島から大隅《おおすみ》半島を廻り、豊後水道を通って瀬戸内海に入り、大坂に向かっていたのだろう。運んでいたモノは、鰹節・塩魚・桃皮《とりひ》・黒砂糖・桶木《おけぎ》・碁盤《ごばん》とある。桃皮は薬種だろう。黒砂糖も嗜好品として貴重だ。桶木や碁盤は屋久杉の加工品であるに違いない。

瀬戸内交通の構造――エピローグ

本書が対象としたのは、延宝〜貞享年間（一六七三〜八八）における岡山藩と備前国を中心とした事例である。この限られた叙述から、瀬戸内交通の具体的なイメージを持っていただくことができただろうか。本書の内容をまとめることはしないが、あれこれ述べるなかで考えていたことは、瀬戸内交通の重層性であり、船持《ふなもち》たちの多様性である。そのことに関わって、二、三触れておきたい。

一つは、幕府や領主などと民間の船持・船頭《せんどう》との関係について。

戦国争乱のなかで衰微した瀬戸内交通を復興させたのは、幕府や藩による公用交通であった。参勤交替や幕府役人の往来、朝鮮通信使の応接などを通じて、航路や港湾の整備が進んだ。その状況は正保の国絵図《くにえず》に表現され、幕府や領主によって掌握された。瀬戸内の諸藩の船団編成や海事組織の確立も、幕府のいわゆる「海禁《かいきん》」政策に対応した海防体制と連動していた。しかし、そうしたことは領主の力だけでできたことではない。藩の船団編成一つとっても民間からの浦人《うらびと》の徴発なくしては不可能であり、通信使の応接には多くの浦船や浦人が動員されている。浦人の動員や浦の役割は加子浦とそれ以外の浦とに階層化していたが、いずれにしても公用交通の展開は民間の浦の復興・発展と不可分のものであった。公用交通と民間交通とが「一体」であったことは、藩の御用を勤める各地の「御宿」が民間商船の「国船宿《くにふなやど》」であったことにも、うかがうことができる。

幕府の海難救助制度は、室町時代以来の海事慣行を取り込むかたちで整備されたものであった。瀬戸内の諸藩でもそれに合わせて独自の法や制度が作られていくが、それらが比較的スムーズに運用されたのは、その内容が浦人たちにとって馴染みやすいものであり、「利益」になるものであったからだろう。他方、幕府や領主にとっては今や生命線となっていた大坂や江戸への廻米《かいまい》は、民間の船持の協力なしには実現しなかった。領主は船持に対して運上銀《うんじょうぎん》を課し、廻米の損失には船持から欠米《かんまい》を徴収したが、飢饉のときには運上を免除し、資金の貸付をしたり、過剰な欠米の徴収にも配慮した。浦船の存在は領主経済に不可欠で、両者は持ちつ持たれつの関係であった。

幕府や領主の公用交通は、ヒト・モノに限らず、浦の活動や民間の商用交通に下支えされて初めて機能するものであったのだ。

二つは、ヒトとモノの動きと大坂や江戸との関係について。

瀬戸内を船で多くのヒトが移動するのは、参勤交替であった。ただし、参勤交替でも船を使うのは国許と兵庫・大坂との往復で、大坂と江戸とをヒトが船で移動することはほとんどなかった。武士に比べて商人や一般の民間人の船の利用は散発的で、まとまった乗り人は寺社参詣のヒトであった。備讃瀬戸では金比羅《こんぴら》参詣のための往来が盛んであった。

瀬戸内のモノの輸送では、何と言っても大坂への廻米が中心だ。幕府の城米や金沢藩を初めとした日本海側諸藩の廻米が瀬戸内の廻船によって大坂に運ばれた。米に次ぐのは塩・生魚・干鰯《ほしか》、木材・石材・炭など。菜種・綿実《わたざね》・鉄など加工品の材料や、紙・たばこなども大坂に運ばれている。他方、加工された製品が大坂から移出されることはこの時期にはあまりなく、ときに油の輸送が目に付く程度であった。その油も瀬戸内地域内での生産・流通と並行しており、のちのような畿内・大坂の独占状況にはなかった。瀬戸内から江戸への直接の輸送は米と塩が中心で、他のモノはほとんど目立たない。江戸からの戻り船も家中荷物の積み合いくらいで、明け荷《あにに》の船も少なくなかった。

陶器・鍬・畳表・苫《とま》・紙・木地物などの特産品は、大坂だけでなく紀伊・中四国・九州へも輸送されており、木材や薪などもこのルートを行き来した。農産物・魚類を初めとした生活用品は、備前・讃岐・播磨の地域内を日常的に行き交っている。モノの流れは大坂への一方向ではなく、こうした物流を含めて重層的に展開しており、この物流を二〇端帆の大型船から二端帆の小型船までがそれぞれに担っていた。日本海や太平洋を航行する大型船は米や塩などを大量に運んだ。大型船の船主には、複数の廻船を持つ者も少なくなかった。他方、船数で見ると、三端帆船が最も多くて全体の三分の一を占め、五端帆から八端帆の中型船も二割を占めている。こうした中型・小型船の存在が重層的な瀬戸内の物流を分厚く支えていた。主に瀬戸内海を航行していた中・小型船は、東は紀州、南は土佐、西は日向・肥後あたりまでを活動範囲としていた。ただし、こうした船持商人の業態は流動的かつ場当たり的で、資金力が乏しいために、当面の利益を求めて借金を繰り返すような不安定なものであった。

三つは、江戸時代の海上交通が自然に大きく左右されていたこと。

当時の海上交通に海難事故は付きものであった。難船救助を初めとした海難事故対応は、領主の海事行政の中心であり、それは領主と海民・海商とに共通する関心であった。「分《ぶん》散《さん》仕《し》法《ほう》」という損害補償の慣行も、海難事故のリスクに対する商人と船頭たちの「知恵」であった。公用交通と民間交通とが「一体化」し、領主と船持が持ちつ持たれつの関係であったのも、自然の厳しさ故であった。本書では取り上げなかったが、「船霊《ふなだま》」信仰を初めとした海民に独特の民俗が生まれたのも、自然の厳しさのためであった〔石井一九九五〕。瀬戸内交通事情を史料から読み取るときには、いつもこの自然の厳しさということを認識させられた。

岡山藩の「御留帳《おとめちょう》御船手《おふなて》」は延宝元年から貞享三年までの記録である。貞享四年以降は「留帳」の船手の項目に記載されるようになる。しかし、それまでのように詳しい状況がわかるようなものではない。幸い、江戸時代中後期の瀬戸内交通事情についてはこれまでにも多くの優れた研究がある〔〔柚木一九七九・上村一九九四・深井二〇〇九〕に整理されている〕。本書で見た江戸時代前期の状況とそれらの成果とをつなげてみると、江戸時代全体の瀬戸内交通事情の変転も自ずと明らかになるのではないかと思っている。

あとがき

「海が好きか、山が好きか」と聞かれたら、即座に「山」と答える。そんな私が海のことを書くのは、瀬戸内の岡山に住んでいるというのが専らの理由である。岡山に住むようになって四一年になる。内陸育ちの私にとって、新鮮な魚はびっくりするほどおいしくて、今ではあまり聞くことはなくなったが、「瀬戸の夕凪」というものも、盆地の暑さとは全く別の体験であった。瀬戸内の風土と歴史にとって、海との関わりを欠くことはできない。しばらくして牛窓《うしまど》町（現瀬戸内市）とのお付き合いが始まり、海との関わりも深くなった。

勤めていた岡山大学では、附属図書館のご配慮で、池田家文庫の原文書を「古文書演習」のテキストに利用していた。「御留帳《おとめちよう》御船手《おふなて》」は、くずし字がしっかりしていて冊数もそこそこあり、内容も読みごたえがありそうだったので、比較的早い時期にテキストに採り上げた。学生さんと一緒に読みながら面白いなとは思いつつも、その場限りで終わっていた。

附属図書館所蔵の貴重資料の保存と利活用は、私にとっての仕事の一つであった。二十数年前に、池田家文庫絵図類のデジタル画像作成とデータベースの公開、毎年の絵図展の開催、「絵図で歩く岡山城下町」の公開講座などの試みを始めた。これらの事業は学内外からの反響も大きかった。新たな事業展開を考えていたとき、岡山大学出版会が設立された。当初の出版会の活動は教科書刊行が中心で、学術出版は手薄であった。そこで、池田家文庫の史料集ができないかと思い立った。池田家文庫の岡山藩政史料は、一九六〇年代から七〇年代に何冊か翻刻本が刊行され、九〇年代にはマイクロフィルム版も作成されていたが、翻刻本の系統的な刊行は途絶えていたからだ。幸い当時の千葉喬三学長の英断によって、「池田家文庫資料叢書」の刊行プロジェクトが認められた。

学長からは「始めるからには一〇冊は出すように」と言われた。一〇巻ほどの計画を立て、最初に刊行するものとして「御留帳御船手」を選んだ。予算が認められてから刊行まで一〇か月足らず。一三〇〇頁にもなる入稿原稿の作成から校正まで、全く休みなしの突貫作業であった。協力してくださった青木充子さんには今でも感謝している。『池田家文庫資料叢書1　御留帳御船手』上・下として二〇一〇年三月に刊行することができた。その後も資料叢書は四冊を刊行したが、現在は諸般の事情で休止され、新たな刊行形態を模索中である。

数年前、吉川弘文館から歴史文化ライブラリーへの執筆を打診された。私としては光栄なことであったが、いただいたテーマは別に企画中のものと重複するので、改めて話し合いをすることで猶予をお願いした。私としてはそのことがいつも気に掛かっていた。他方、「御留帳御船手」については翻刻本は刊行したものの、本格的な検討は手着かずであった。児島《こじま》や西大寺《さいだいじ》の公民館で「江戸時代前期の瀬戸内交通事情」と題して話しをする機会もあり、関心は持続していたが、本としてまとめるような見通しは持っていなかった。

前作『池田綱政』を校了したあと、債務を思い出し、先の公民館講座が形にならないかと『御留帳御船手』を読み返して、草稿を書いてみた。幸いにも、その内容で債務返済が叶うことになり、あとはいつものように編集部の岡庭由佳さんとのキャッチボールを重ねて形を整えた。最終の成稿はコロナ禍のもとでの作業であった。「緊急事態宣言」により、図書館は休館となり何かと不自由ではあったが、会合や催し物も中止になり、できることをする日常のなかで、原稿に集中することになった。

このテーマでは、事実の積み重ねが頼りなので、多くの表を作ったが、書物としての体裁と分量を考慮して、かなりのものを省くことにした。残した表も記載内容を減らした。そのために、情報不足であったり、文章のつながりが分かりにくくなっているところもあるのではないかと恐れている。『御留帳御船手』で原資料を見付けるための手掛かりは書中に残したつもりなので、興味のある方や、疑問点については、刊本をひもといていただけると嬉しい。そこからまた新しい事実を発掘していただければ、史料集を作った者としても幸せな限りである。

近年備讃瀬戸地域では、「瀬戸内国際芸術祭」の盛況によって、新たな人びとのつながりと賑わいが生まれている。瀬戸内にはまだまだ多くの可能性が秘められている。その豊かな風土と歴史の魅力を発見する営みにとって、本書の内容が一滴でも潤いをもたらせるならば、望外の幸せである。

最後に、日頃から貴重資料の保存・活用に努められ、資料閲覧に懇切なご配慮をいただいている岡山大学附属図書館のみなさんに感謝の意を表したい。

二〇二〇年一〇月一日　明月清風

倉　地　克　直

参考文献

史料

石井良助校訂『徳川禁令考』前集六、創文社、一九五九年
岡山県史編纂委員会編『岡山県史・津山藩文書』岡山県、一九八一年
岡山大学池田家文庫等刊行会編『市政提要』上、福武書店、一九七三年
岡山大学附属図書館貴重資料刊行推進会編『御留帳御船手』上・下、岡山大学出版会、二〇一〇年
岡山大学附属図書館貴重資料刊行推進会編『朝鮮通信使饗応関係資料集』上、岡山大学出版会、二〇一三年
岡山大学附属図書館貴重資料刊行推進会編『御留帳評定書』上・下、岡山大学出版会、二〇一七・一八年
倉敷市史研究会編『新修倉敷市史・史料近世（下）』倉敷市、一九九七年
倉地克直編『家中諸士家譜五音寄』岡山大学文学部、一九九三年
国立史料館編『寛文朱印留』上、国立史料館、一九八〇年
中叔舟『海東諸国紀』岩波書店、一九九一年
高柳光寿・竹内理三編『角川日本史辞典』「近世米価表」角川書店、一九六六年
高柳真三・石井良助編『御触書寛保集成』岩波書店、一九七六年

林屋辰三郎編『兵庫北関入舩納帳』中央公論美術出版、一九八一年
藩法研究会編『藩法集1岡山藩』上　創文社、一九五九年
備作史料研究会編『御納戸大帳』備作史料研究会、一九八四年
藤井駿・水野恭一郎・谷口澄夫編『池田光政日記』国書刊行会、一九八三年
吉田徳太郎編『池田家履歴略記』日本文教出版、一九六三年

研究文献

朝尾直弘『将軍権力の創出』岩波書店、一九九四年
荒野泰典『近世日本と東アジア』東京大学出版会、一九八八年
池内敏『近世日本と朝鮮漂流民』臨川書店、一九九八年
石井謙治『和船』Ⅰ・Ⅱ、法政大学出版局、一九九五年
伊藤晃「貞享三（一六八六）年閏三月「浦手形の事」―播磨高砂沖難船の備前焼積荷―」『江戸時代の暮らしと備前焼』備前市歴史民俗資料館、二〇〇八年
上村雅洋『近世日本海運史の研究』吉川弘文館、一九九四年
牛窓町史編纂委員会編『牛窓町史・通史編』牛窓町　二〇〇一年
岡山県史編纂委員会編『岡山県史・近世Ⅰ』岡山県　一九八四年
岡山県史編纂委員会編『岡山県史・近世Ⅱ』岡山県　一九八五年
岡山県史編纂委員会編『岡山県史・中世Ⅱ』岡山県　一九九一年

金指正三『日本海事慣習史』吉川弘文館、一九六七年
金指正三『近世海難救助制度の研究』吉川弘文館、一九六八年
川村博忠『江戸幕府撰国絵図の研究』古今書院、一九八四年
倉敷市史研究会編『新修倉敷市史・近世（上）』倉敷市、二〇〇〇年
倉地克直『近世日本人は朝鮮をどうみていたか―「鎖国」のなかの「異人」たち―』角川書店、二〇〇一年
倉地克直『池田光政』ミネルヴァ書房、二〇一二年
倉地克直『絵図と徳川社会―岡山藩池田家文庫絵図をよむ―』吉川弘文館、二〇一八年
倉地克直『池田綱政―元禄時代を生きた岡山藩主―』吉川弘文館、二〇一九年
神戸市役所編『神戸市史・別録一』名著出版、一九七一年
柴田一『岡山藩郡代　津田永忠』上・下、山陽新聞社、一九九〇年
新熊本市史編纂委員会編『新熊本市史・通史編第3巻・近世Ⅰ』熊本市、二〇〇一年
住友史料館編『住友の歴史』思文閣出版、二〇一三年
高瀬保『加賀藩海運史の研究』雄山閣、一九七九年
谷口澄夫『岡山藩政史の研究』塙書房、一九六四年
徳山久夫「近世讃州直島附近の海難」『香川史学』第七号、一九七八年
豊田武・児玉幸多編『交通史』山川出版社、一九七〇年
仲尾宏『朝鮮通信使―江戸日本の誠信外交―』岩波書店、二〇〇七年

仲尾宏・町田一仁編『ユネスコ世界記憶遺産と朝鮮通信使』明石書店、二〇一七年
野島寿三郎編『日本暦西暦月日対照表』日外アソシエーツ、一九八六年
深井甚三『近世日本海海運史の研究—北前船と抜荷—』東京堂出版、二〇〇九年
福田千鶴『酒井忠清』吉川弘文館、二〇〇〇年
藤木久志『豊臣平和令と戦国社会』東京大学出版会、一九八五年
部落問題研究所編『部落の歴史—近畿編—』部落問題研究所出版部、一九八二年
松本幸男「牛窓の記念建造物（一）お茶屋」『牛窓春秋』一三、一九八五年
三宅理『江戸の外交都市—朝鮮通信使と町づくり—』鹿島出版会、一九九〇年
森元純「近世前期における津山藩蔵本と船持」『岡山地方史研究』九三号、二〇〇〇年
森元純「近世前期岡山藩船持と船宿の関係」日本福祉大学知多半島総合研究所編『知多半島の歴史と現在』一一、校倉書房、二〇〇一年
山本太郎「元禄期備前国児島郡味野村組合の他国行船稼ぎについての一考察」『論集きんせい』一四号、一九九二年
山本博文『寛永時代』吉川弘文館、一九八九年
柚木学『近世海運史の研究』法政大学出版局、一九七九年

著者紹介

一九四九年、愛知県に生まれる
一九七七年、京都大学大学院文学研究科国史学
　専攻博士課程単位取得退学
現在、岡山大学名誉教授

〔主要著書〕

『徳川社会のゆらぎ』（小学館、二〇〇八年）、『池田光政』（ミネルヴァ書房、二〇一二年）、『「生きること」の歴史学』（敬文舎、二〇一五年）、『江戸の災害史』（中央公論新社、二〇一六年）、『絵図と徳川社会』（吉川弘文館、二〇一八年）、『池田綱政』（吉川弘文館、二〇一九年）

歴史文化ライブラリー
516

江戸時代の瀬戸内海交通

二〇二一年（令和三）二月一日　第一刷発行

著　者　倉《くら》地《ち》克《かつ》直《なお》

発行者　吉川道郎

発行所　株式会社　吉川弘文館

東京都文京区本郷七丁目二番八号
郵便番号一一三—〇〇三三
電話〇三—三八一三—九一五一〈代表〉
振替口座〇〇一〇〇—五—二四四
http://www.yoshikawa-k.co.jp/

印刷＝株式会社 平文社
製本＝ナショナル製本協同組合
装幀＝清水良洋・宮崎萌美

ISBN978-4-642-05916-9

歴史文化ライブラリー

1996. 10

刊行のことば

現今の日本および国際社会は、さまざまな面で大変動の時代を迎えておりますが、近づきつつある二十一世紀は人類史の到達点として、物質的な繁栄のみならず文化や自然・社会環境を謳歌できる平和な社会でなければなりません。しかしながら高度成長・技術革新にともなう急激な変貌は「自己本位な刹那主義」の風潮を生みだし、先人が築いてきた歴史や文化に学ぶ余裕もなく、いまだ明るい人類の将来が展望できていないようにも見えます。このような状況を踏まえ、よりよい二十一世紀社会を築くために、人類誕生から現在に至る「人類の遺産・教訓」としてのあらゆる分野の歴史と文化を「歴史文化ライブラリー」として刊行することといたしました。

小社は、安政四年(一八五七)の創業以来、一貫して歴史学を中心とした専門出版社として書籍を刊行しつづけてまいりました。その経験を生かし、学問成果にもとづいた本叢書を刊行し社会的要請に応えて行きたいと考えております。

現代は、マスメディアが発達した高度情報化社会といわれますが、私どもはあくまでも活字を主体とした出版こそ、ものの本質を考える基礎と信じ、本叢書をとおして社会に訴えてまいりたいと思います。これから生まれでる一冊一冊が、それぞれの読者を知的冒険の旅へと誘い、希望に満ちた人類の未来を構築する糧となれば幸いです。

吉川弘文館

歴史文化ライブラリー

近世史

- 細川忠利 ポスト戦国世代の国づくり——稲葉継陽
- 江戸の政権交代と武家屋敷——岩本 馨
- 江戸の町奉行——南 和男
- 江戸御留守居役 近世の外交官——笠谷和比古
- 大名行列を解剖する 江戸の人材派遣——根岸茂夫
- 江戸大名の本家と分家——野口朋隆
- 〈甲賀忍者〉の実像——藤田和敏
- 江戸の武家名鑑 武鑑と出版競争——藤實久美子
- 江戸の出版統制 弾圧に翻弄された戯作者たち——佐藤至子
- 武士という身分 城下町萩の大名家臣団——森下 徹
- 旗本・御家人の就職事情——山本英貴
- 武士の奉公 本音と建前 江戸時代の出世と処世術——高野信治
- 宮中のシェフ、鶴をさばく 江戸時代の朝廷と庖丁道——西村慎太郎
- 馬と人の江戸時代——兼平賢治
- 犬と鷹の江戸時代 〈犬公方〉綱吉と〈鷹将軍〉吉宗——根崎光男
- 紀州藩主 徳川吉宗 明君伝説・宝永地震・隠密御用——藤本清二郎
- 近世の巨大地震——矢田俊文
- 江戸時代の孝行者 「孝義録」の世界——菅野則子
- 死者のはたらきと江戸時代 遺訓・家訓・辞世——深谷克己
- 近世の百姓世界——白川部達夫
- 闘いを記憶する百姓たち 江戸時代の裁判学習帳——八鍬友広
- 江戸時代の瀬戸内海交通——倉地克直
- 江戸のパスポート 旅の不安はどう解消されたか——柴田 純
- 〈身売り〉の日本史 人身売買から年季奉公へ——下重 清
- 江戸の捨て子たち その肖像——沢山美果子
- 江戸の乳と子ども いのちをつなぐ——沢山美果子
- エトロフ島 つくられた国境——菊池勇夫
- 江戸時代の医師修業 学問・学統・遊学——海原 亮
- 江戸幕府の日本地図 国絵図・城絵図・日本図——川村博忠
- 江戸の地図屋さん 販売競争の舞台裏——俵 元昭
- 踏絵を踏んだキリシタン——安高啓明
- 墓石が語る江戸時代 大名・庶民の墓事情——関根達人
- 石に刻まれた江戸時代 無縁・遊女・北前船——関根達人
- 近世の仏教 華ひらく思想と文化——末木文美士
- 松陰の本棚 幕末志士たちの読書ネットワーク——桐原健真
- 龍馬暗殺——桐野作人
- 日本の開国と多摩 生糸・農兵・武州一揆——藤田 覚

歴史文化ライブラリー

歴史文化ライブラリー

変貌する清盛『平家物語』を書きかえる――樋口大祐
空海の文字とことば――岸田知子
日本禅宗の伝説と歴史――中尾良信
殺生と往生のあいだ中世仏教と民衆生活――苅米一志
浦島太郎の日本史――三舟隆之
〈ものまね〉の歴史仏教・笑い・芸能――石井公成
戒名のはなし――藤井正雄
墓と葬送のゆくえ――森　謙二
運　慶その人と芸術――副島弘道
ほとけを造った人びと止利仏師から運慶・快慶まで――根立研介
祇園祭祝祭の京都――川嶋將生
洛中洛外図屛風つくられた〈京都〉を読み解く――小島道裕
化粧の日本史美意識の移りかわり――山村博美
乱舞の中世白拍子・乱拍子・猿楽――沖本幸子
神社の本殿建築にみる神の空間――三浦正幸
古建築を復元する過去と現在の架け橋――海野　聡
大工道具の文明史日本・中国・ヨーロッパの建築技術――渡邉　晶
苗字と名前の歴史――坂田　聡
日本人の姓・苗字・名前人名に刻まれた歴史――大藤　修
大相撲行司の世界――根間弘海
日本料理の歴史――熊倉功夫
日本の味　醤油の歴史――林　玲子・天野雅敏編
中世の喫茶文化儀礼の茶から「茶の湯」へ――橋本素子
香道の文化史――本間洋子
天皇の音楽史古代・中世の帝王学――豊永聡美
流行歌の誕生「カチューシャの唄」とその時代――永嶺重敏
話し言葉の日本史――野村剛史
柳宗悦と民藝の現在――松井　健
遊牧という文化移動の生活戦略――松井　健
マザーグースと日本人――鷲津名都江
たたら製鉄の歴史――角田徳幸
金属が語る日本史銭貨・日本刀・鉄炮――齋藤　努
書物と権力中世文化の政治学――前田雅之
書物に魅せられた英国人フランク・ホーレーと日本文化――横山　學
災害復興の日本史――安田政彦

各冊一七〇〇円～二〇〇〇円（いずれも税別）
▽残部僅少の書目も掲載してあります。品切の節はご容赦下さい。
▽品切書目の一部について、オンデマンド版の販売も開始しました。
詳しくは出版図書目録、または小社ホームページをご覧下さい。